VENCENDO DESAFIOS de Salto Alto

CARO LEITOR,

Queremos saber sua opinião sobre nossos livros.
Após sua leitura, acesse nosso *site* (www.editoragente.com.br),
cadastre-se e contribua com sugestões, críticas ou elogios.

Boa leitura!

LYNETTE LEWIS

VENCENDO DESAFIOS de Salto Alto

Tradução de Irati Antonio

Editora Gente

Editora
Rosely M. Boschini

Coordenação editorial
Fernando Fernandes

Assistente editorial
Rosângela Barbosa

Produção
André Medella

Copidesque
Sandra Silva

Preparação
Veridiana Maenaka

Projeto gráfico
Neide Siqueira

Editoração
Join Bureau

Capa
Eduardo Profeta

Foto de capa
Ruslan Gilmanshin/
Dreamstime.com

Revisão
Miriam de Carvalho Abões

Título original: *Climbing the ladder in stilettos*

Rua Pedro Soares de Almeida, 114
São Paulo, SP – CEP 05029-030
Telefone: (11) 3670-2500
Site: http://www.editoragente.com.br
E-mail: gente@editoragente.com.br

Dados Internacionais de Catalogação na Publicação (CIP)
(Câmara Brasileira do Livro, SP, Brasil)

Lewis, Lynette
Vencendo desafios de salto alto / Lynette Lewis ; tradução de Irati Antonio. — São Paulo : Editora Gente, 2008.

Título original: Climbing the ladder in stilettos.
Bibliografia.
ISBN 978-85-7312-617-4

1. Mulheres – Promoções 2. Mulheres de negócios 3. Mulheres nas profissões 4. Orientação profissional para mulheres 5. Sucesso profissional I. Título.

08-08578 CDD-650.1082

Índices para catálogo sistemático:

1. Mulheres de negócios :
Sucesso profissional : Administração 650.1082
2. Sucesso profissional :
Mulheres de negócios : Administração 650.1082

Com grande felicidade, dedico este livro a meus pais:

GENEVA TROYER
Mãe, você é a minha melhor amiga da vida inteira.
Por 44 anos, seu amor, seu apoio e suas orações trouxeram a mensagem sempre presente e encorajadora do "Sim!"

HOWARD TROYER
Pai, você é a sabedoria, o caráter e a fé personificados.
Você me ensinou tudo o que sei sobre o mundo dos negócios.
Sem dizer uma palavra, sua vida é a expressão do sucesso.

Sumário

Agradecimentos

Eu queria escrever um livro, mas não sabia como. Estes são os artistas talentosos que ajudaram a transformar uma voz comum em uma sinfonia.

Esther Fedorkevich. Desde nossa primeira conversa em torno de um café em Nova York, seu entusiasmo e sua confiança fizeram-me acreditar que daria certo. Sou extremamente grata a você.

Amy Gregory. Você conseguiu transformar minhas muitas idéias desorganizadas em um único conceito que fazia sentido. Você realmente é uma pessoa talentosa!

Brent Cole. Meu conselheiro e guia. Obrigada pelo excelente treinamento e pela confiança tranqüila que você me oferecia em todas aquelas manhãs de sexta-feira.

Angel Wolfe. Incansável até mesmo depois da meia-noite, você me socorreu no momento certo e contribuiu muito.

Debbie Wickwire. Tê-la conhecido foi meu presente favorito em toda esta história! Você é um exemplo de profissionalismo e uma nova amiga preciosa. Obrigada por ajudar a modelar e conduzir a concepção deste livro desde seu início.

Eutha Godfrey, Genie Lewis, Lois Cox, Pam Pulsfort, Alice Rhee e *Katye Rone*. Um dia, todos os investimentos de seu trabalho serão apropriadamente recompensados. Obrigada pela força de sua concordância, por todas as observações e todos os telefonemas.

Carole Hyatt. Você generosamente trouxe tantas mulheres incríveis para este projeto! Sou muito grata a você – conselheira, encorajadora, parceira e amiga.

Congregações religiosas MSNY (Morning Star New York) e KPIC (Kings Park International Church) [em tradução livre, congregação Estrela da Manhã de Nova York e Igreja Internacional Morada do Rei, respectivamente]. Se me virem emocionada aos domingos, é porque estou tocada pelo privilégio de compartilhar a vida ao lado de vocês.

Nathan, Christian, Jordan e JohnLuke. Vocês são as bênçãos mais inesperadas e valiosas de todos os tempos. Obrigada pelo sincero interesse nesta história.

Meu marido e alma gêmea, Ron. Você é muito mais do que tudo o que eu pedi ou esperei do amor! Obrigada por seu sorriso alegre que continuamente me diz: "Vá em frente!".

E Deus, meu Salvador. Tudo isto é em Sua glória. Humilde, agradeço ao Senhor por ter aberto portas tão ricas e satisfatórias como estas.

As mulheres e seus sapatos

Ao andar pelo metrô da cidade de Nova York, observo as mulheres com seus sapatos e fico admirada em lembrar que muitas usam um par de sapatos para ir *ao* trabalho, trocam por outro par *no* trabalho e ainda carregam um terceiro par para sair *depois* do trabalho.

Nossa vida como mulheres que trabalham fora muitas vezes se reflete em nossa coleção de sapatos. Temos tantos papéis para jogar e tantos sapatos para usar!

Com freqüência, penso em uma amiga que, em um evento sobre liderança, foi solicitada a encher uma bolsa com artigos que ajudariam outras pessoas de seu grupo a entender melhor quem ela era. Então, ela colocou na bolsa uma dúzia de sapatos e descreveu a experiência que teve ao usar cada um deles: os tênis de corrida que calçou em uma maratona, os calçados confortáveis que ela usou ao defender sua dissertação de Ph.D. e seu par favorito de escarpins de salto alto, usado em um evento *black tie* no qual ela recebeu um prêmio por suas realizações.

Ah, sim, com certeza adoramos nossos sapatos. Entre outubro de 2004 e outubro de 2005, as mulheres norte-americanas gastaram aproximadamente 17 bilhões de dólares em calçados da moda. Se você pensa que isso parece muito, tem razão; esse valor é 10% maior do que os gastos no ano anterior![1]

Agora, quando você quer escalar, normalmente não usa saltos altos. Alguns diriam que uma mulher não pode ou não deve fazer isso pois, para eles, "escalar é uma coisa perigosa. É trabalho para homens, e requer sapatos com sola de borracha".

Da mesma maneira, ser mulher e desenvolver uma carreira não é uma tarefa simples. Pode ser uma subida bem escorregadia. Por isso, é preciso ter muito jogo de cintura e uma grande dose de equilíbrio. Porém, independentemente da maneira como descrevemos esse processo, a escalada corporativa é um verdadeiro desafio.

Independentemente da maneira como descrevemos esse processo, a escalada corporativa é um verdadeiro desafio.

O título deste livro é uma metáfora sobre os desafios que as mulheres enfrentam no mundo do trabalho hoje em dia. Subir uma escada de salto alto (uma tarefa nada confortável, não é mesmo?) parece um tanto engraçado. Pelo menos, assemelha-se mais a um número de circo do que a um projeto de vida legítimo. Durante anos, foi assim que pareceu para mim. Algumas vezes, ainda parece.

Apesar disso, se acreditamos em nosso caminho, devemos continuar a escalada com a nossa coleção de sapatos a reboque.

1. NPD Group. *NPD reports U.S. footwear industry takes a big step forward in 2005*. Disponível em: <http://www.npd.com/dynamic/releases/press_060210.html>. Acesso em: 10/2/2006.

Pessoalmente, não sou uma grande fã de escadas. Em uma tarde dessas, enquanto ajudava meu marido a pendurar novas cortinas em nossa sala de estar, tive de subir em uma escada e a achei bastante desconfortável, mesmo usando tênis.

Contudo, sou fã de saltos altos. Embora, com certeza, não os use todos os dias, e raramente no trabalho, meus sapatos de salto alto tendem a acompanhar os muitos papéis que represento:

- a profissional com discretos escarpins pretos, uma saia cinza-chumbo e uma camisa de seda básica;
- a mulher solteira, e depois a esposa, usando sandálias de salto fino com o vestido favorito;
- a amiga divertida em uma noite de sexta-feira com sapatos bem altos de estampa de pele de leopardo e *jeans* de grife.

Você também interpreta muitos papéis, portanto lhe agradeço por escolher este livro. Estou honrada por você reservar um pouco de seu muito precioso tempo para caminhar comigo por estas páginas. É claro que o ideal seria que estivéssemos conversando e tomando uma xícara de café ou um copo de chá gelado na varanda de minha casa.

Eu lhe perguntaria como tem passado ultimamente. Está satisfeita com seu trabalho? O que sente quando pensa como e onde passa seus dias? Você tem uma sensação de expectativa e alegria em relação ao futuro? Quais são seus maiores desafios? Fale-me sobre seus filhos ou suas viagens mais recentes. Se você pudesse fazer qualquer coisa no mundo sem medo de falhar, o que seria?

Penso que descobriríamos que temos muito em comum. Como mulheres, nós nos preocupamos com questões semelhantes, esperamos as mesmas coisas e almejamos ter mais tempo, sentido e alegria em nossa vida. Provavelmente, riríamos ao compartilhar experiências comuns, e nossos olhos se encheriam de lágrimas ao falarmos dos tempos em que imaginávamos como tudo seria.

Talvez algum dia os nossos caminhos se cruzem, e teremos o prazer de nos conhecer. Enquanto isso, podemos conversar por meio das páginas deste livro. Eu lhe perguntarei muito a seu respeito e em troca lhe oferecerei *insights* da minha jornada pessoal. Eu a realizei como mulher solteira, esposa, mãe e profissional que valoriza muito seu trabalho.

Essa não foi uma escalada de conto de fadas, de jeito nenhum. Houve épocas cheias de perguntas sem resposta e de raiva pelas portas fechadas e pelos adiamentos. Houve também tempos de profunda satisfação e grata surpresa. Houve ainda dias em que eu pensava que não chegaria a lugar nenhum.

O meu objetivo nunca foi subir a escada corporativa. Eu imaginava que, depois da faculdade, trabalharia alguns anos em alguma coisa interessante e, então, conheceria o homem dos meus sonhos, me casaria e, assim, teria o luxo de escolher se continuaria ou não a trabalhar.

Minha história, porém, veio a se tornar muito diferente do que eu esperava. Mesmo depois de 22 anos no mundo corporativo, reconheço padrões de pensamento e de trabalho que têm me permitido encontrar alegria e satisfação duradouras ao longo do caminho. São lições às vezes aprendidas a duras penas, lições que agora compartilho, durante todo o ano, ao falar com mulheres de todas as idades e vocações. De maneira nenhuma consegui ser perfeita, mas me ajustei ao caminho e me mantive no curso.

Nas páginas que se seguem, você conhecerá outras histórias além da minha. Vou apresentar-lhe algumas mulheres incríveis. Entre elas, estão novas e velhas amigas, algumas das quais são conselheiras de longa data que de perto e de longe me ensinaram muitas das estratégias de que tratarei nestas páginas: Bridgette Heller, presidente da divisão global de produtos para bebês e crianças da Johnson & Johnson; Cecily Truett, dezesseis vezes vencedora do Prêmio Emmy* como produtora de televisão; Sylvia Hatchell, treinadora-chefe do time de basquete feminino da Universidade da Carolina do Norte; e Denise Johnston, presidente da divisão de produtos para adultos da The Gap. Essas são apenas algumas das mulheres cujas histórias também irão inspirá-la de novas maneiras, específicas e práticas.

Convido você a mergulhar em cada história e em cada ensinamento, procurando entender como pode aplicá-los em sua carreira e em sua vida. Essas são mulheres como você e eu que esperam usufruir integralmente da alegria, do sentido, do sucesso e da satisfação que estão disponíveis para nós, se soubermos onde procurá-los e como interpretá-los. Por que gastaríamos a maioria de nossas horas fazendo alguma coisa que nos rendesse menos do que isso?

Existem alguns princípios básicos ao longo de todo o livro que eu devo mencionar antes de começarmos. O primeiro é que *você nasceu para a grandeza*. Seu coração, sua mente, seu espírito e sua alma não comportam a mediocridade. Alguma coisa dentro de cada uma de nós aspira destacar-se da multidão, ser reconhecida por algo significativo, ser capaz de estabelecer um novo padrão de excelência e inspirar outras pessoas a fazer o mesmo.

Você nasceu para a grandeza.

Seu coração, sua mente, seu espírito e sua alma

não comportam a mediocridade.

---

* Premiação para produções e profissionais de TV nos Estados Unidos (referida muitas vezes como "o Oscar da TV norte-americana"). (N.E.)

Sou fã do canal a cabo HGTV (Home and Garden Television [Televisão Casa e Jardim]). Adoro ver todos aqueles decoradores profissionais trabalharem com pessoas comuns para transformar suas casas sem graça em peças de beleza. É fascinante observar o que algumas idéias criativas e um mínimo de investimento podem fazer para converter uma sala ou a casa toda em um lugar de beleza e grandeza.

Muitas vezes, nossa vida é como essas casas. Existe um lugar de excelência e de grandeza que nos espera se apenas pudermos reunir os recursos certos para nos ajudar a chegar lá. Minha esperança é que este livro seja um desses recursos, ajudando você a criar uma nova visão do que sua vida no trabalho pode se tornar, oferecendo-lhe idéias e ferramentas práticas para começar hoje uma jornada em busca de uma vida mais satisfatória e recompensadora, no trabalho e fora dele.

O segundo princípio diz que *nós esperamos e aspiramos a alguma coisa*. Talvez você desfrute de um estado de contentamento em cada área de sua vida. Se for esse o seu caso, agradeça por não fazer parte da maioria. Sim, pois a maioria das pessoas ainda está à espera de algo significativo em uma ou mais áreas da vida. Esse algo pode ser uma promoção, o retorno de filho desgarrado, o romance de nossos sonhos, ter um filho, transpor limitações físicas... A lista segue sem fim.

É a tensão entre nossa visão de grandeza e os desafios da espera que freqüentemente leva ao desânimo e ao estresse. Assim, deixamos escapar as alegrias simples do dia-a-dia e, muitas vezes, experimentamos anos de descontentamento. Essa tensão fica evidente em estatísticas como as seguintes:

- 60% das mulheres integram a força de trabalho dos Estados Unidos;

- 40% dessas mulheres trabalham regularmente durante a noite ou nos fins de semana, e 33% trabalham em turnos diferentes do de seu companheiro;
- 23% das profissionais e executivas afirmam se sentir "superestressadas";
- 25% das mães que trabalham em tempo integral e têm filhos com menos de 13 anos de idade sentem-se estressadas quase todos os dias.[2]

A tensão que existia em minha vida me compeliu a procurar com determinação um lugar de satisfação e de alegria. Eu ri, chorei, rezei e passei horas conversando com centenas de mulheres para descobrir algumas ferramentas básicas que, depois de muitos testes, provaram ser capazes de colher recompensas tangíveis e resultados sustentáveis.

Aqui, nestas páginas, você encontrará algumas dessas mulheres e algumas das ferramentas que conseguimos reunir ao longo desse caminho. Com certeza, essa não é uma lista definitiva, mas talvez seja suficiente para lhe dar alguns *insights* essenciais que irão inspirar um senso de expectativa e motivação ao longo de sua jornada, independentemente do ponto em que você esteja neste momento.

Obrigada pelo prazer de sua companhia. Espero que o tempo que você investir aqui seja revertido em grandes recompensas para sua vida cotidiana. Estamos juntas nesta jornada, ainda aprendendo e ainda subindo, sempre pensando nos sapatos que devemos usar!

---

2. U.S. Department of Labor and Statistics. *101 facts on the status of working women*. Disponível em: <http://www.bpwusa.org/files/public/101FactsonWorkingWomen2005.pdf.pdf>. Acesso em: 18/8/2008.

1

Por que estou trabalhando?

Um dia, parei depois de revisar um vídeo que eu acabara de produzir para a IBM. Era um projeto muito grande; eu havia viajado por três continentes em três semanas. Era um verdadeiro turbilhão, tão emocionante e excitante. E, então, estou sentada em meu sofá, observando os resultados, e percebendo que eu não posso me envolver com esse pedaço de videoteipe. Eu não posso abraçá-lo, nem me relacionar com ele.

Anne Page
Presidente da APFilms

Eu ainda me lembro daquela manhã de segunda-feira em agosto. Era um dia escaldante de verão em Manhattan, mesmo bem cedinho. Como sempre, gastei uma hora me arrumando, penteando meu cabelo e cuidando para que a maquiagem estivesse na medida certa. Tomei meu café e um suco e, em seguida, saí de casa.

Assim que cheguei à plataforma da estação do metrô, o trem saiu. Resmunguei, pois sabia exatamente o que isso significava. Os próximos oito minutos foram como se eu tivesse entrado em uma sauna. Estou certa de que o rapaz que estava ao meu lado pensou ter ouvido uma torneira aberta, mas não, era apenas o suor que escoava por dentro da minha blusa, enquanto meu cabelo se eriçava inteiro em um minuto.

Peguei o metrô até a Rua 50th e, então, esperei pelo ônibus durante dez minutos, tempo em que o calor e o suor provocaram estragos ainda maiores. O ônibus chegou e seguiu por cerca de três quilômetros até a estação da balsa. Porém, ao mesmo tempo em que o ônibus entrava na estação, a balsa partia. Outros vinte minutos de espera. O que mais poderia acontecer? Eu sabia que chegaria atrasada ao trabalho e, a essa altura, eu não conseguia compreender a razão de ir para o escritório, afinal.

Quando finalmente cheguei, eu me sentia um trapo, por dentro e por fora. Meu cabelo e minha roupa estavam arruinados. Eu estava exausta por causa do trajeto e da condução que era obrigada a pegar. Assim que me sentei à minha mesa no escritório em Jersey, de onde se avistava a silhueta do centro de Manhattan, pensamentos negativos inundaram minha cabeça.

Ninguém reconhece de fato meu valor aqui. Por que estou trabalhando neste lugar? Eles não conhecem meus sonhos, tampouco o que realmente quero ser e fazer. Eu trabalho duro, me dedico, coloco aqui toda a minha melhor energia do dia, e tudo isso para quê? Por um salário ridículo? Pelo estresse de ter que agradar tantas pessoas?

O desânimo era tanto que me fez chorar. Contudo, eu sabia que precisava me refazer. Eu não fora contratada para desperdiçar tempo chorando em minha mesa. No entanto, como poderia me reerguer daquelee estado de desespero?

Naquele momento, casualmente pensei na moça que trabalhava na sala ao lado. Sandra e eu havíamos nos conhecido logo no meu primeiro dia no escritório de Jersey. Eu era sua gerente e, no decorrer do último ano, nos tornaríamos mais do que apenas colegas; éramos amigas. Eu a ajudei a descobrir alguns de seus sonhos e trabalhei com ela em um plano para alinhar seu emprego com aqueles sonhos. Ela havia se desenvolvido significativamente naquele ano, e a satisfação que eu sentia por tê-la ajudado era gratificante.

Pensar em Sandra ajudou-me a agüentar aquele fardo. Talvez ela fosse uma das principais razões de eu estar naquele emprego e de trabalhar duro dia após dia.

Muitas vezes, Sandra me dizia: "Você é uma dádiva dos céus, Lynette. Você me ajudou a encontrar o meu caminho". Isso me fazia lembrar de que meus esforços valiam a pena. Ajudar as pessoas e mudar vidas é de fato uma coisa importante. Essa compreensão me ajudou a reencontrar o verdadeiro motivo pelo qual eu trabalhava.

O desafio: eu preciso encontrar significado no trabalho que tenho agora

Alguma vez você já se sentiu como eu naquela manhã de segunda-feira? Às vezes um bom emprego e um salário adequado não compensam o esforço e o aborrecimento de enfrentar um dia inteiro no batente.

Com freqüência, em momentos como esses, nos sentimos especialmente sós. Todas as pessoas à nossa volta parecem resistir bem às pressões do dia-a-dia. Pode até parecer que conseguimos enfrentar essa situação, mas por dentro nos perguntamos quanto tempo mais conseguiremos suportá-la. Seremos capazes de encontrar algo mais adequado aos nossos maiores sonhos e ideais? É provável que essa seja uma das perguntas mais comuns, e importantes, que as pessoas se fazem.

Uma Vida com Propósitos (editora Propósito), de Rick Warren, é um livro extremamente popular na história recente da cultura norte-americana. De fato, na época em que o livro foi publicado, a edição em capa dura foi a mais vendida de todos os tempos na categoria não-ficção nos Estados Unidos. Esse dado é um grande indicador de como os norte-americanos se sentem em relação ao seu emprego – a maioria ainda acredita que existe algo mais na vida além de trabalho.

O sucesso do livro de Warren pode ser explicado por um estudo conduzido pelo Grupo de Pesquisa Barna, que mostra que a metade dos norte-americanos está "à procura de sentido e propósito na vida".[3] O autor Os Guinness concorda. Em seu livro *The Call: Finding and Fulfilling the Central Purpose of Your Life* [O Chamado: Encontrando e Realizando o Propósito Central de Sua Vida], Guinness explica:

> Bem no fundo do coração, queremos encontrar e realizar um propósito maior do que nós mesmos. Somente esse propósito maior é capaz de nos impulsionar a alcançar nossas maiores conquistas. Para cada um de nós, o verdadeiro propósito é pessoal e apaixonado: saber o que temos para fazer aqui, e por quê.[4]

Responder ao *por que* é essencial se desejamos alcançar um significado rico e profundo em nossa carreira. Nós, mulheres, em particular, parecemos ter algo dentro do coração que pede que respondamos a essa pergunta. Somos feitas para o significado; vivemos para fazer a diferença e ajudar os outros, para ver nossos filhos crescerem e se tornarem adultos bem-sucedidos que, por sua vez, provocarão um impacto no mundo.

---

3. THE BARNA Group. *The year's most intriguing findings from Barna Research Studies*. Disponível em: <http://www.barna.org/FlexPage.aspx?Page=BarnaUpdate&BarnaUpdateId=77>. Acesso em: 18/8/2008.

4. GUINNESS, Os. The call: finding and fulfilling the central purpose of your life. Citado por MCVICKER, Idelette. Finding purpose. *Women Today*. Disponível em: <http://www.womentodaymagazine.com/selfsteem/purpose.html>. Acesso em: 18/8/2008.

Responder ao por que é essencial se desejamos alcançar um significado rico e profundo em nossa carreira.

A realidade, entretanto, é que não é fácil extrair esse significado mais profundo do nosso trabalho. Algumas pessoas, certamente a minoria, já sabem muito cedo qual é sua missão na vida. Elas vêem a si mesmas fazendo algo grande e acham natural forjar um caminho para atingir seu objetivo. E elas chegam lá com os seus 20 anos ou ainda antes, enquanto nós estamos apenas começando a perceber que fizemos as perguntas erradas – ou que simplesmente nem sequer questionamos alguma coisa.

A maioria das pessoas simplesmente se descobre já trilhando determinado caminho ou em meio ao que outros poderiam chamar de "carreira". Exceto pela questão financeira, essa carreira muitas vezes parece vazia de um sentido profundo. Talvez tenhamos formação universitária, treinamento especializado ou, agora, depois de anos de trabalho, várias experiências e títulos corporativos que recheiam nosso currículo.

Porém, todas essas credenciais não agregam necessariamente um significado a essa carreira; elas não se combinam com facilidade para responder àquela pergunta tão importante que permanece pendente: Por quê?

Por que este emprego? Por que esta equipe? Por que estas responsabilidades neste lugar e neste momento? Por que não qualquer outra atividade? Alguma coisa melhor? Todas essas perguntas clamam por resposta – talvez não freqüentemente, mas de tempos em tempos, como em um dia ruim, quando faz muito calor e você perde o trem.

Descobrindo seu propósito

Eu e minha querida amiga Anne Page, presidente de sua agência de comunicações, conversávamos um tempo atrás. Ela me falava de uma revelação pessoal que tivera alguns anos antes, a mesma que ocorre a várias mulheres depois de muitos anos de profissão.

> Um dia, parei depois de revisar um vídeo que eu havia acabado de produzir para a IBM. Era um projeto muito grande; eu havia viajado por três continentes em três semanas. Era um verdadeiro turbilhão, tão emocionante e excitante. E, então, estou sentada em meu sofá, observando os resultados, e percebendo que não posso me envolver com esse pedaço de videoteipe. Eu não posso abraçá-lo, nem me relacionar com ele. Foi um projeto muito bem-sucedido, uma glória, e foi realizado. Eu podia mostrar um vídeo, mas era apenas isso, um vídeo; aquilo não me ajudava a viver minha vida como uma pessoa completa. Aquele foi um momento de muita solidão e tristeza para mim. Aos 47 anos de idade, percebi que eu havia perdido muitas coisas. De alguma maneira, eu acreditava que precisava fazer esse tipo de coisa para alcançar o êxito. Assim, tive que me perguntar: "É esse o sucesso que tanto procurei, estar sentada em minha sala com esse vídeo?". Podia ser uma carreira bem-sucedida, mas não era uma vida bem-sucedida.[5]

Esse momento de revelação levou Anne a fazer mudanças significativas em sua vida, reservando mais tempo para relacionamentos (ela encontrou sua alma gêmea e se casou com ele) e outros projetos pessoais (montar e arrumar sua casa). Essas mudanças intensificaram o sucesso de sua carreira, ao mesmo tempo que lhe trouxeram uma

---

5. Anne Page, entrevista com a autora, abril de 2006.

satisfação como nunca antes. Em resumo, Anne descobriu um sentido mais profundo de propósito.

Propósito é um assunto que venho estudando a fundo durante os últimos cinco anos. Concluí que descobrir nosso propósito é a base para viver de maneira satisfatória. Essa conclusão não é nova, mas sem dúvida sua aplicação parece incerta a muitas profissionais, como comprova a confissão de Anne.

Durante anos, tenho ministrado seminários com o objetivo de ajudar pessoas de todas as idades e vocações a descobrir seu propósito: CEOs (do inglês *chief executive officers*, diretores executivos), empresários, executivos e estudantes universitários. Todos eles se mostram ansiosos pela resposta a uma pergunta-chave: *Por quê?* Contudo, a maioria, assim como Anne, passa bem pouco tempo pensando sobre o assunto ou nem mesmo considera a questão. A maioria das pessoas, incluindo eu mesma, concentra seu tempo no *que* de sua vida.

Descobrir nosso propósito é a base para viver de maneira satisfatória.

O *que* vou fazer com minha vida? O *que* me faz feliz? O *que* eu quero em um companheiro? O *que* posso mudar para ter mais satisfação?

Existem pequenas diferenças entre as expressões *por que* e *o quê*. Porém, as implicações de responder a essas perguntas são imensamente distintas. No âmbito da carreira, saber *por que* requer que conheçamos nosso propósito. O dicionário *Webster*[6] da língua inglesa

6. *Merriam-Webster Online*, verbete "purpose". Disponível em: <http://www.m-w.com/dictionary/purpose>. Acesso em 18/8/2008.

define *propósito* da seguinte maneira: "resultado ou efeito pretendido ou desejado; uma intenção." *

Já a pergunta *o que* é respondida pela nossa missão: o que faremos. *Missão*[7] é definida como "uma tarefa específica da qual uma pessoa ou um grupo são encarregados".**

Assim, primeiro precisamos saber por que estamos onde estamos e por que queremos fazer uma determinada coisa, antes que possamos decidir o que faremos então. Em outras palavras, devemos conhecer nossos motivos antes de traçar nossa missão.

O processo de responder *por que* não é tão difícil assim. Na realidade, a maioria das pessoas já tem uma idéia da resposta. Apenas não pensamos o bastante no assunto, nem ponderamos os elementos envolvidos, tampouco fazemos um registro escrito a fim de que nosso propósito fique claro para nós mesmas e para os outros.

Você não gostaria de saber *por que* e ser capaz de responder para si mesma e para os outros, de maneira sucinta, não apenas *o que* você faz, mas também *por que* o faz?

Imagine-se em uma festa ou em um evento. Você começa a conversar com alguém que lhe faz a pergunta de praxe: "O que você faz?". Em lugar de informar o título do seu cargo, você diz à pessoa por que você faz o que faz. No meu caso, seria alguma coisa assim: "Sou apaixonada por ajudar as pessoas a descobrir seu propósito de

---

* *O Novo Dicionário da Língua Portuguesa*, de Aurélio Buarque de Holanda Ferreira, define *propósito* como "algo que se pretende fazer ou conseguir; intenção, intento, projeto". (N. T.)

7. *Merriam-Webster Online*, verbete "mission". Disponível em: http://www.m-w.com/dictionary/mission. Acesso em 18/8/2008.

** *O Novo Dicionário da Língua Portuguesa*, de Aurélio Buarque de Holanda Ferreira, define *missão* como "função ou poder que se confere a alguém para fazer algo; encargo, incumbência". (N. T.)

vida e a realizar seus sonhos. Dar palestras e escrever são minhas maneiras preferidas de fazer isso".

Imagine o impacto. A pessoa simplesmente tem uma visão do que se passa em meu coração. Assim, ela entende por que eu me levanto da cama todas as manhãs. Além disso, aposto que isso deixa na pessoa uma impressão mais forte, de maneira que ela se lembrará de mim como uma mulher que tem uma paixão e um propósito, em vez de apenas um nome e um título.

Você não gostaria de saber por que *e ser capaz de responder para si mesma e para os outros, de maneira sucinta, não apenas* o que *você faz, mas também* por que *o faz?*

Agora, imagine que você e eu estamos na varanda de minha casa e eu lhe faço a pergunta capital: *Por quê?*. Fale de seu desejo e de seu sonho mais profundos. Em seguida, diga-me por quê. Por que você quer fazer isso? Por que você acredita que essa atividade lhe trará satisfação e um sentido de realização? As respostas que você compartilha comigo são as pistas que conduzirão ao seu propósito. Elas ajudarão a orientar sua mente para as coisas que seu coração já sabe.

Nas páginas que se seguem, você encontrará um exercício mais completo que a orientará no processo de identificação de seu propósito pessoal. Ele irá ajudá-la a definir uma declaração de propósito pessoal que capture sua essência e explique por que você faz o que faz.

Articulando seu propósito

Recentemente, trabalhei com um grupo de executivas que habilmente escalaram patamares de sucesso e influência significativos em suas áreas. Muitas delas estavam em dúvida quanto ao próximo passo que deveriam dar. Fizemos este mesmo exercício, que as ajudou a pensar em seu propósito. Adorei observá-las enquanto essas queridas e brilhantes mulheres dedicavam tempo a elas mesmas (algo que raramente fazem) e refletiam sobre as perguntas mais importantes da vida.

Pedi a elas que assinalassem as palavras que mais lhes falassem ao coração e que lhes provocassem entusiasmo. Em seguida, orientei-as a explicar a uma parceira por que escolheram aquelas palavras. A sala se encheu de excitação, risos e entusiasmo. Os rostos daquelas mulheres se iluminavam à medida que elas pensavam sobre o que mais amavam fazer e por quê.

Então, elas tomaram as três ou quatro palavras descritivas que assinalaram e começaram a organizá-las em uma frase para formar sua declaração de propósito. Eu lhes disse para se concentrar não no fluxo das palavras, mas no agrupamento dos conceitos, de maneira que pudessem expressar quem elas eram.

Várias delas compartilharam sua primeira tentativa de esboçar uma declaração de propósito. Algumas redigiram declarações eloqüentes, enquanto outras ainda trabalhavam para reunir palavras que fizessem seu coração bater mais forte.

Bridgette Heller, presidente da divisão de produtos para bebês e crianças da Johnson & Johnson, era uma dessas mulheres. Não apenas ela escreveu sua declaração de propósito como compartilhou comigo o processo de descoberta pelo qual passou durante os três anos anteriores.

Como vice-presidente da Kraft Foods, empresa do setor de alimentos, ela havia desfrutado de um sucesso significativo. Porém, suas filhas estavam entrando na adolescência, e ela precisava reavaliar sua definição de sucesso.

Então, eu ocupava esse lugar no mundo corporativo norte-americano que eu nunca imaginei que conquistaria, precisando de uma definição de sucesso que se estendesse para além de onde eu já estava. Assim, comecei a pensar sobre o que realmente era importante para mim – uma sólida e feliz vida familiar, prestação de serviços à comunidade e a questão pessoal e espiritual, que é a base de todo o restante. Eu precisava definir o que era sucesso em cada um desses reinos.

Os reinos mais fáceis de avaliar foram a família, a comunidade e a vida espiritual. A luta maior foi na esfera profissional. As pessoas irão rastrear seu progresso para saber se elas continuam no mesmo nível que você; elas sabotarão os outros. Esse tipo de atitude se mostrou incompatível com minha jornada espiritual.

Procurei enfrentar essa situação e decidi deixar a Kraft. Passei por um processo sofrido, perguntando a mim mesma: "O que estou fazendo ao me afastar de tudo o que eu conheço em troca de alguma coisa que me é estranha?". Após três anos de buscas em minha alma, escolhi ir para a Johnson & Johnson.

Meu marido, na ocasião chefe do setor de cardiologia de um hospital no Bronx, em Nova York, testemunhou como essa minha busca interior me aproximou muito das nossas meninas e me deu uma nova clareza sobre o que eu queria fazer. Todo esse meu processo inspirou-o a também deixar uma situação malparada. Agora é a vez dele. Ele voltou a estudar e tem passado bastante tempo com nossas filhas, levando-as para acampar e tendo conversas que as ajudam a aprender e a crescer.[8]

---

8. Bridgette Heller, entrevista com a autora, abril de 2006.

Nosso propósito não é alguma coisa sobre a qual podemos pensar durante alguns minutos e, então, defini-lo com perfeição. Ao contrário, ele é o começo de um processo para destravar nosso coração, assim como fez Bridgette. É um processo que leva tempo e exige muita reflexão.

Raramente nos damos a oportunidade de fazer isso. Temos uma agenda de compromissos para cumprir, filhos para levar à escola, projetos para terminar, pessoas para gerenciar, aviões para pegar, *e-mails* para responder. Entretanto, o processo de descobrir nosso propósito é um tempo bem investido, um tempo que estabelece a base de tudo o que esperamos receber ou alcançar.

Existe algo de poderoso em articular a verdade. Você já ouviu alguém descrever algo de uma maneira que captura perfeitamente um pensamento que você teve ou uma idéia que você ponderou? Você ouve aquilo muito bem colocado em uma frase e, então, diz: "Sim. É exatamente isso o que eu venho sentindo desde o princípio".

Sua declaração de propósito torna-se, de muitas maneiras, sua bússola, guiando-a para atividades, pessoas e lugares que lhe trarão a mais profunda e prazerosa satisfação.

Assim é com sua declaração de propósito. Há um momento de revelação, aquela simples mas profunda maneira de dizer alguma coisa que traz à tona todas as muitas facetas da pessoa que você é e espera ser. Sua declaração de propósito torna-se, de muitas maneiras, sua bússola, guiando-a para atividades, pessoas e lugares que lhe trarão a mais profunda e prazerosa satisfação.

O exercício que se segue irá conduzi-la pelo processo estimulante de articular seu propósito. Trata-se de uma ferramenta que tenho usado durante anos com mulheres de todas as idades e em diferentes fases da carreira. O processo não é rápido e apenas irá ajudá-la a começar a encontrar e a articular respostas aos *por quês* de sua vida. Contudo, à medida que você mergulhar nesse processo, este exercício irá estimular sua criatividade na direção certa e ajudá-la a encontrar um novo entusiasmo em seus muitos projetos.

A estratégia: crie uma declaração de propósito para a vida e o trabalho

Antes que possa articular seu propósito, você precisa determinar exatamente qual é ele. Raramente esse é um processo rápido ou um esforço que se faz uma única vez. Seu propósito evoluirá e mudará com o passar do tempo, de acordo com a fase de sua vida e seu nível de autoconhecimento.

Comece fazendo a si mesma as seguintes perguntas:

1. Quando as pessoas explicam por que me escolheram ou por que me recomendaram a alguém, o que elas dizem?

2. Quais de minhas habilidades e meus talentos são notados com maior freqüência e confirmados por meus colegas?

3. Quais atividades me trazem maior alegria e satisfação?

Seu propósito evoluirá e mudará com o passar do tempo, de acordo com a fase de sua vida e seu nível de autoconhecimento.

4. Que tipo de trabalho eu adoraria fazer durante os próximos dez anos?

5. Se pudesse ter qualquer função ou posição em minha organização atual ou em outro lugar, o que eu faria?

6. Considerando minhas experiências de vida, minha formação e minhas capacidades, quais atributos exclusivos me distinguem das outras pessoas?

Observe os adjetivos e as idéias em suas respostas acima. Há linhas comuns? Você vê alguma palavra repetida em mais de uma resposta? Nota a presença recorrente de um tema mais consistente ou central? Se esse for o seu caso, você identificou um bom ponto de partida para definir seu propósito exclusivo. Mantenha essas idéias em mente enquanto passamos para sua declaração de propósito.

As declarações de propósito costumam incluir dois elementos:

- uma palavra ou frase que indica uma mudança em seu *status*, como *aumentar*, *diminuir*, *eliminar*, *prevenir*; e
- uma identificação do problema ou da condição a serem mudados.

Na lista a seguir, assinale as *quatro* palavras que mais atraem você. As palavras que escolher irão ajudá-la a entender quais ações a motivam e estimulam mais.

Abraçar	Compor	Divisar
Abrir	Comunicar	Doar
Aconselhar	Conceber	Economizar
Acreditar	Conectar	Educar
Adquirir	Confirmar	Eleger
Afirmar	Construir	Eliminar
Alimentar	Continuar	Elucidar
Alistar	Contratar	Encorajar
Aliviar	Contribuir	Entregar
Ampliar	Criar	Entreter
Apoiar	Cuidar	Entusiasmar
Apreciar	Cumprimentar	Envolver
Aumentar	Curar	Esboçar
Avaliar	Dar	Estimular
Avançar	Demonstrar	Facilitar
Beneficiar	Descobrir	Fazer
Brilhar	Desenvolver	Financiar
Chamar	Desistir	Gerar
Comandar	Diminuir	Iluminar
Combinar	Dirigir	Implementar
Compelir	Discutir	Inspirar
Completar	Distribuir	Integrar

Lançar
Liberar
Liderar
Mediar
Melhorar
Modelar
Moldar
Montar
Motivar
Movimentar
Negociar
Organizar
Orientar
Persuadir
Planejar
Preparar
Presentear
Produzir
Projetar
Promover
Proteger
Prover
Reduzir
Refinar
Reformar
Renovar
Restaurar
Retornar
Reunir
Revisar
Satisfazer
Servir
Sonhar
Sustentar
Traduzir
Treinar
Utilizar
Validar
Vender

Observe as quatro palavras que selecionou. Por que você as escolheu? Elas são semelhantes entre si ou muito diferentes? Você pode manter todas as quatro ou reduzi-las ainda mais.

Agora, no espaço abaixo, usando as palavras que escolheu, comece a articular sua declaração de propósito. Procure redigi-la de diferentes maneiras. Então, tente esboçar também sua missão. Lembre-se de que você está simplesmente colocando em palavras muito do que você já sabe; esse é apenas um ponto de partida.

Eis aqui um simples esboço a seguir:

Meu propósito é:
(POR QUE você faz o que faz – sua declaração de propósito. Use as palavras que você assinalou na lista acima: *aumentar*, *construir*, *inspirar*, *planejar* etc.

Por meio de ou **mediante** ou **com:**
(O QUE você irá fazer – sua missão. Este item deve ser bem geral e incluir a maneira como você irá causar impacto sobre outras pessoas.)

Assim que você redigir seu propósito, deixe "cozinhar" durante algumas semanas. Converse com seus parentes e amigos mais íntimos para saber se você está atingindo seu objetivo. À medida que novas idéias surgirem, sinta-se livre para escrever e reescrever sua declaração até que você esteja contente com o resultado.

Lembre-se de que sua declaração de propósito mudará com o passar do tempo e será modificada pelas diferentes fases de sua vida. Os elementos centrais (as três ou quatro palavras básicas que você selecionou), porém, devem permanecer relativamente constantes ao longo de sua vida e de sua carreira.

Você deve ter um propósito central, mas pode ter muitas missões que realizem esse propósito.

Não se esqueça da diferença entre propósito e missão. Concentre-se no *por que* você faz o que faz (propósito) *versus o que* você quer fazer (missão). Você deve ter um propósito central, mas pode ter muitas missões que realizem esse propósito.

Como exemplo, o meu propósito é "inspirar e motivar as pessoas a viverem uma existência de esperança, superando todos os desafios que surgirem no caminho de seus sonhos". Essa concepção é uma constante que tece minhas muitas missões. Essas missões são *o que* eu farei para alcançar aquele propósito, e elas são numerosas – atuar como escritora, palestrante, esposa e mãe, amiga, e assim sucessivamente.

Portanto, siga em frente, anote as idéias sobre seu propósito e sua missão. Seja corajosa. Sonhe alto. Pense grande. Imagine o que você diria em seu momento de maior orgulho enquanto descreve por que a sua vida é importante e a diferença que você faz. Medo, culpa ou exeqüibilidade podem deixá-la hesitante, mas a fé manterá sua coragem. Acredite em você mesma e resista ao medo durante esse período tão importante.

Ter uma declaração de propósito concisa e por escrito coloca você à frente da maioria das pessoas e a deixa mais forte para continuar sonhando. David McClelland, psicólogo de Harvard, estudou extensivamente os grandes realizadores e concluiu que as pessoas bem-sucedidas possuem uma característica comum: elas fantasiam e sonham incessantemente sobre como alcançar seus objetivos.[9]

Recentemente, a esquiadora, medalhista olímpica e palestrante norte-americana Bonnie St. John disse-me o seguinte:

> Se você mantém sua visão [propósito] trancada dentro de si e nunca a expressa em palavras, a probabilidade de ela acontecer é bastante pequena. Você precisa estar disposta a falar sobre o assunto. Existem muitas razões para as pessoas não falarem sobre isso, especialmente as mulheres. Podemos ser perfeccionistas; tememos sermos vistas como arrogantes. Então, eu digo: "Você não tem de esperar até que sua visão esteja perfeita; se fizer isso, então você *parecerá* arrogante". Em vez disso, estabeleça uma conversa aberta e franca, dizendo: "Isso é o que eu penso em fazer. O que você acha?". Se sua conversa for

9. ACCEL-TEAM. Employee motivation in the workplace. 2005. Disponível em: <http://www.accel-team.com/human_relations/hrels_06_mcclelland.html>. Acesso em: 18/8/2008.

aberta, isso irá ajudá-la a esclarecer o assunto e a compreender melhor como se desenvolver a partir desse ponto.[10]

Sua declaração de propósito estabelece a base para seus sonhos e objetivos, ajudando-a a focalizar o assunto mais importante da vida: conhecer e compreender por que você está aqui.

Uma vez que você esteja afinada com os porquês de sua carreira, então poderá começar a responder os *quês* e os *comos*. À medida que avançarmos ao longo deste livro, construiremos um sólido edifício sobre essa poderosa base de propósito.

Uma vez que você esteja afinada com os porquês de sua carreira, então poderá começar a responder os quês e os comos.

10. Bonnie St. John, entrevista com a autora, abril de 2006.

Essas pessoas estão me deixando louca! 2

Aprendemos a separar nossos sentimentos do nosso trabalho... Quando você está alienada de si mesma e dos outros, não compreende o que é a intimidade verdadeira, não sabe como procurar bem no fundo de si e reconhecer os próprios sentimentos, agradecendo por tê-los e valorizando-os, não importa o quão dolorosos possam ser. Nós empobrecemos nosso viver ao não permitir que isso aconteça. Descobrir essa verdade mudou todo o contexto da minha vida.

Cecily Truett

Produtora de programas infantis para a televisão, vencedora de dezesseis prêmios Emmy

De todas as lições que aprendi em minha carreira, existe uma que, acredito, seja mais importante que qualquer outra na busca pelo sucesso e pela satisfação.

É uma lição que muitas mulheres que conheço já aprenderam, e se você puder aplicá-la em sua vida profissional, seu sucesso será ainda mais recompensador e trará mais relacionamentos significativos do que você jamais imaginou fosse possível. O conceito a que me refiro é algo que chamo de *integridade pessoal*.

Íntegro pode ser definido da seguinte forma:

1. inteiro, completo, incluindo todas as partes ou aspectos, sem faltar nada;
2. não deteriorado ou quebrado;
3. não ferido, prejudicado ou incapacitado;
4. curado ou com a saúde restabelecida física ou psicologicamente.[11]

Quando somos pessoas íntegras, somos completas, inteiras, seguras e resilientes em quase todas as circunstâncias. É assim que deveríamos descrever uma pessoa saudável. Na maior parte do tempo, ela se sente bem por dentro e por fora; vive sem sofrimento físico e emocional crônico. Eventualmente, ela fica abatida, mas é saudável o bastante para recuperar-se rapidamente. Se ela, sem querer, bater o dedão do pé no sofá, por exemplo, isso será muito doloroso no início. Porém, uma vez que ela não tem nenhum outro ferimento, a dor logo passará. Uma pessoa que possua integridade pessoal não é impermeável à dor ou ao infortúnio, mas esses males não a afetam por muito tempo.

Quando somos pessoas íntegras, somos completas, inteiras, seguras e resilientes em quase todas as circunstâncias.

Contudo, se ela já tiver, vamos dizer, uma perna quebrada e, então, bater o dedão do pé no sofá, seu sofrimento será quase insu-

11. *Merriam-Webster Online*, verbete "whole". Disponível em <http://www.m-w.com/dictionary/whole>. Acesso em: 18/8/2008.

portável. Na realidade, uma vez que ela já esteja ferida, qualquer novo trauma, ainda que ínfimo, será potencialmente debilitante.

O desafio: eu trabalho com pessoas incompletas

Não é difícil reconhecer as pessoas feridas e carentes. Muitas delas exibem os seguintes sinais:

- ofendem-se facilmente e guardam as ofensas por muito tempo;
- são críticas e falam de maneira negativa sobre si mesmas e os outros;
- têm uma necessidade insaciável de ser constantemente estimuladas e engrandecidas;
- referem-se freqüentemente a si mesmas e às próprias realizações, às vezes, até ao ponto de causarem constrangimento;
- reagem de maneira ilógica, muitas vezes provocando ansiedade nos outros;
- irritam-se facilmente;
- formam grupinhos e fazem fofoca sobre os demais;
- preocupam-se demasiadamente em cuidar de todo mundo, calando a própria dor e concentrando-se apenas nos outros; e
- são dependentes de vários maus hábitos (fumar, beber, gastar dinheiro), como se isso amenizasse o seu sofrimento.

Já as pessoas íntegras, inteiras, mostram os seguintes sinais:

- acham fácil estimular os outros e celebrar seus êxitos;
- não se ofendem com facilidade e mostram generosidade quando as ofensas acontecem;

- trazem conforto e encorajamento a todos ao seu redor;
- são orientadas por objetivos, mas seu cuidado com as pessoas sempre supera sua preocupação com os resultados;
- buscam primeiro compreender para depois serem compreendidas;
- são confiáveis, acreditando no melhor dos outros; e
- são modestas e honestas em relação aos seus pontos fortes e fracos.

Infelizmente, a integridade não é o estado típico da maioria das pessoas que encontramos no trabalho. Poucos de nós crescemos em lares saudáveis. Experimentamos sofrimentos e decepções que nos deixam divididos e carentes, o que afeta negativamente nossas relações. Portanto, acredito que é justo dizer que, em vários sentidos, somos incompletos.

Em um interessante artigo, publicado no *site* Career.com, do *Wall Street Journal*, a consultora de carreira norte-americana Cynthia Krainin descreve essa situação, com a qual freqüentemente temos de lidar no trabalho:

> Para a maioria das pessoas, o trabalho é estressante por causa de demandas por produtividade, prazos, chefes imprevisíveis e mudanças constantes. Esse ambiente carregado de estresse pode ser visto como um palco, onde problemas familiares e eventos traumáticos são revividos. Esse é o lugar perfeito para reativar velhos temores (por exemplo, cometer erros e ter que pagar por eles mais tarde) e velhos comportamentos (por exemplo, sentir-se preso quando obrigado a trabalhar por longas horas), mesmo que a época e as circunstâncias sejam diferentes.[12]

---

12. Excerto publicado neste livro com a permissão de CareerJournal.com © 2006 Dow Jones & Co. Inc. Todos os direitos reservados.

Infelizmente, a integridade não é o estado típico da maioria das pessoas que encontramos no trabalho.

Um exemplo interessante do poder que a integridade pessoal exerce aconteceu comigo vários anos atrás, em uma troca de *e-mails*. Enviei uma mensagem que solicitava alguns dados a uma funcionária que preparava muitos relatórios para um grande número de pessoas em toda a nossa companhia. Não éramos amigas, mas tínhamos uma boa relação profissional. O meu pedido não era incomum, e eu o havia escrito de uma forma muito cordial, sem expectativa de receber a informação imediatamente.

Quando ela foi encaminhar meu *e-mail*, acionou sem querer o Responder, de maneira que eu recebi a mensagem que ela pretendia enviar a outra pessoa. Nessa mensagem, ela insinuava que meu pedido era um absurdo e que eu estava "botando banca" para impressionar meus chefes. Sugeria a seu pretendido destinatário que telefonasse a meus dois chefes (que eu havia mencionado em meu *e-mail*) para saber o que eles "realmente queriam", e assim me ignorar completamente.

Lá estava eu, sentada à minha mesa, lendo aquele *e-mail*, inicialmente pensando que era a resposta dela a meu pedido. Eu devo ter lido aquela mensagem três ou quatro vezes, procurando entendê-la, até perceber afinal que ela não havia sido escrita para mim.

Assim que compreendi o que havia acontecido, meu sangue ferveu e me senti totalmente ofendida por ela ter tido a coragem de insinuar que eu apenas queria me exibir. Fiquei furiosa com o fato de ela pretender falar com meus chefes pelas minhas costas, para me fazer parecer inepta aos olhos deles. Naquele momento, minha vontade era clicar em Responder e mandar um *e-mail* explosivo de volta para ela na mesma hora. Cheguei a imaginá-la em frente a seu computador mortificada ao perceber o que ela havia feito.

Então, lembrei-me de que havia me comprometido a ser uma agente da integridade, alguém em quem os outros poderiam confiar, alguém que se importava com as pessoas. Por isso, preferi redigir uma mensagem mais ou menos assim (os nomes foram trocados):

> Pam,
>
> Acredito que você enviou este *e-mail* para mim por engano. Estou certa de que você está sob grande pressão e que meu pedido pode ter parecido impróprio. Tom e Mike realmente me pediram essa informação, e eu não pretendia me exibir nem me vangloriar, mas, ao contrário, somente procurei atender à solicitação deles, sabendo que você é a melhor fonte para a informação de que eles precisam. Eu gostaria de ter a oportunidade de discutir com você a melhor maneira de obter esses dados para eles em um prazo que seja adequado para você.
>
> Muito obrigada,
>
> Lynette

Eu estava nervosa quando cliquei no botão Enviar. Aquela correspondência parecia estranha, mas eu sabia que havia respondido de uma maneira que eu mesma teria gostado de receber se eu estivesse no lugar dela (e eu estive).

Nem cinco minutos depois, ela estava à minha porta, cheia de desculpas e vergonha. "Lynette, eu *sinto muito*. Eu jamais deveria ter enviado aquele *e-mail*. Eu estou comprometida com prazos importantes para os diretores e não estou conseguindo lidar muito bem com a pressão. Eu sinto muito, muito mesmo por tudo isso."

"Tudo bem, não há problemas", respondi. "Eu de fato compreendo, já passei por isso, acredite." Conversamos um pouco mais e, desse dia em diante, nosso relacionamento se fortaleceu. Embora não trabalhássemos juntas com freqüência, havia respeito mútuo e admiração entre nós. Essa foi uma lição e tanto para mim.

Pessoas feridas ferem pessoas... Mas raramente por querer

Esse incidente com minha colega de trabalho me fez lembrar de que as pessoas difíceis raramente querem ser difíceis. Por isso, quando optamos por não nos ofender com facilidade, quando procuramos compreender ou dar aos outros o benefício da dúvida, essa atitude nos abre portas e dissemina respeito e confiança entre as pessoas.

Eu não quero dizer com essa história que sou uma espécie de anjo no trabalho. Esse exemplo é muito positivo, sem dúvida nenhuma, mas infelizmente houve muitas vezes em que a minha reação foi bem diferente. Por anos, eu fui bem mais incompleta e carente do que eu mesma acreditava.

Quando optamos por não nos ofender com facilidade, essa nossa atitude nos abre portas e dissemina respeito e confiança entre as pessoas.

Minha jornada em direção à integridade pessoal começou quando eu estava na faculdade e acabava de completar 21 anos de idade. Nessa época, eu lutava contra o desânimo por causa do meu peso. Eu engordara cinco quilos logo nos primeiros dois meses e meio de curso. Esses cinco se transformaram em dez ao longo dos dois anos seguintes, e eu me tornei uma pessoa deprimida e zangada, sempre lutando para perder peso sem nenhum sucesso.

Toda noite eu me olhava no espelho após retirar a maquiagem, e as lágrimas escorriam por meu rosto. Minhas bochechas e meu pescoço eram cobertos de acne. Eu havia consultado vários dermatologistas e experimentado todo tipo de tratamento possível, mas o problema permanecia. Eu me sentia gorda e feia.

Em meio a esse sofrimento, fui escolhida para ser conselheira residente na casa de estudantes em que eu morava. Era uma atividade gratificante, mas se tornou um fardo muito pesado para mim. Nesse período, eu chorava muito, com uma sensação crescente de que eu não conseguiria dar conta do recado. Eu me sentia extremamente pressionada por uma forte exigência para ser excelente, perfeita e bonita, para ser tudo de que as garotas da casa precisavam, para ser uma ótima aluna, uma amiga verdadeira, uma filha zelosa e uma irmã leal.

Durante todos aqueles meses, conversei muito com meus pais, procurando compreender por que eu sentia que não conseguiria agüentar a responsabilidade. Eles me sugeriram consultar um terapeuta para investigar qual seria a causa daquele estresse. Considerando que meus pais já haviam procurado esse tipo de aconselhamento no início de seu casamento, obtendo uma ajuda excepcional, aceitei a sugestão. Assim, deixei a casa de estudantes por duas semanas e passei a me consultar com um terapeuta no centro de aconselhamento do *campus*.

O processo que envolve o reconhecimento honesto de nossos sofrimentos e nossas mágoas — bem como do mal que eles nos causaram — e a admissão de nossos erros começa a forjar nosso caminho para a integridade pessoal.

Ao longo das seis semanas que se seguiram, cavamos várias camadas até chegar às raízes da minha ansiedade e do meu sofrimento. Durante as sessões, falei sobre meus pais e sobre minha infância. Eu considerava papai e mamãe modelos quase perfeitos quanto à educação das filhas e a minha casa, um lugar estável e acolhedor. O que eu não percebia é que havia perdido um elemento imprescindível no meu desenvolvimento emocional.

Papai era um homem honesto, de caráter forte, o nosso "chão firme" em uma casa de três mulheres. Contudo, ele não era um homem afetuoso. Não me lembro de meu pai me abraçar ou me beijar, nem de dizer que me amava.

Até aquele momento da minha vida, jamais imaginei que a falta de afeto de meu pai houvesse causado infelicidade ou sofrimento. Eu sabia que ele me amava. Ele passava seu tempo com minha irmã e eu, aconselhando-nos e conversando conosco. Jantávamos em família. Ríamos juntos vendo televisão.

Porém, a verdade era que, embora eu sentisse que meu pai me amava, ele nunca demonstrou seu afeto diretamente. Toda menina precisa de um pai que a abrace e que a embale com palavras de amor e de carinho. O meu não fez isso, e eu pensava que estava tudo bem.

À medida que a terapia avançava nesse sentido, comecei a perceber que eu compensava a falta de desenvolvimento emocional procurando ser perfeita em vários aspectos. De modo inconsciente, eu concluí que se eu fosse perfeita, papai finalmente diria que me amava e ficaria orgulhoso de mim. Na verdade, o tempo inteiro eu buscava sua aprovação. Essa era uma necessidade relevante e legítima, e eu precisava reconhecer que se tratava de um vazio verdadeiro.

Ser a conselheira residente e ter de atender as trinta garotas do meu dormitório finalmente foi mais do que eu podia suportar. Algo que me levou para além dos meus limites, direto para o vazio.

Como qualquer pessoa que já passou por algum tipo de aconselhamento sabe, descobrir a verdade traz uma sensação de liberdade sem igual. De repente, muita coisa passou a fazer sentido para mim. Passei a enxergar meus padrões de comportamento deletérios e o alto preço que eles cobravam de mim e dos outros.

O processo que envolve o reconhecimento honesto de nossos sofrimentos e nossas mágoas – bem como do mal que eles nos causaram – e a admissão de nossos erros começa a forjar nosso caminho para a integridade pessoal. Esse caminho é necessário não apenas para nossa vida pessoal, mas também para a profissional, que incessantemente cruza a vida de outras pessoas.

Aprendendo novos padrões

É como se cada pessoa tivesse um gravador na cabeça. A fita desse gravador precisa ser preenchida com palavras de amor e de apoio desde o início de nossa vida. Assim como eu, muitas pessoas têm fitas que mostram espaços em branco – ocasiões em que certas palavras foram necessárias, mas nenhuma foi dita. Há ainda pessoas cujas fitas registram mensagens erradas – mentiras impiedosamente contadas ou palavras de crueldade e desgraça. Muitas e muitas vezes, essas fitas rodam em nossa mente, com freqüência sem nosso conhecimento nem resistência.

Após minhas sessões de aconselhamento, passei os vários anos que se seguiram preenchendo minha fita com a verdade sobre o valor de uma mulher, sobre como a beleza vem de dentro de uma pessoa e não de fora, buscando reconhecer que meu valor reside muito mais em *quem eu sou* e menos em *o que eu faço*. Passei horas escrevendo em meus diários as palavras que tanto esperei ouvir de meu pai. A identidade que extraí de minha fé tornou-se também um componente importante para minha cura. À medida que eu me dedicava a tudo isso, os espaços em branco da minha fita foram sendo preenchidos. Eu estava no caminho para a integridade.

Comecei a me reeducar para pensar e reagir de maneira saudável. À medida que eu fazia isso, comecei a sentir uma liberdade e uma alegria que eu jamais havia experimentado.

Quando eu notava que o perfeccionismo se manifestava novamente, eu me detinha para refletir sobre os motivos. Assim, comecei a me reeducar para pensar e reagir de maneira saudável. À medida que eu fazia isso, comecei a sentir uma liberdade e uma alegria que eu jamais havia experimentado. Por fim, passei a orientar outras pessoas a trilhar caminhos semelhantes.

A integridade pessoal é essencial e está disponível para todos, mas poucos permanecem no caminho indispensável para encontrá-la.

O romancista russo Leon Tolstoi estava certo quando escreveu: "Todo mundo pensa em mudar o mundo, mas ninguém pensa em mudar a si mesmo". Embora este não seja um livro de auto-ajuda sobre a carência emocional e a necessidade de sua cura, eu seria negligente se não dedicasse um capítulo a como esse tema afeta nossa vida profissional. Acredito que as muitas dificuldades que tenho observado no trabalho originam-se de uma falta generalizada de integridade em muitos indivíduos.

Essa observação faz mais sentido quando consideramos que, em 2004, o Departamento de Saúde e Bem-Estar do governo norte-americano calculou que a incidência de abuso e de maus-tratos de crianças está em torno dos 9 milhões de casos por ano.[13] Além disso, um estudo feito também nos Estados Unidos, pela Associação Nacional de Filhos de Alcoólicos, estima que um em cada cinco norte-americanos cresce em uma família dependente de álcool.[14]

Essas estimativas sugerem que em qualquer empresa com pelo menos vinte empregados, entre três e cinco pessoas podem ter experimentado abuso ou maus-tratos na infância. Esses números são ainda maiores quando consideramos as pessoas cujas famílias sofrem com o problema do alcoolismo.

Considerando que gastamos a maior parte de nosso tempo e de nossa energia no trabalho, é razoável deduzirmos que nossos problemáticos padrões de relacionamento estão disseminados em toda empresa. A consultora de carreira Cynthia Krainin explica essa questão da seguinte maneira:

> A relação entre a infância e o trabalho afeta todas as pessoas, tenham ou não sofrido algum tipo de abuso. Cada um de nós leva questões

---

13. Excerto publicado neste livro com a permissão de CareerJournal.com © 2006 Dow Jones & Co. Inc. Todos os direitos reservados.

14. Ibidem.

> pessoais para o local de trabalho, independentemente de quanto somos saudáveis. Carregamos as experiências de vida, as expectativas e os fracassos de nossos pais. Algumas pessoas têm dificuldade para atingir o sucesso apenas porque seus pais também tiveram. Todos somos afetados por aqueles que nos criaram de uma maneira que influencia nossa auto-estima e a forma como percebemos nosso comportamento no trabalho.[15]

Seria ótimo se pudéssemos manter nossa bagagem pessoal como um assunto íntimo e particular. Contudo, isso seria como esconder uma perna quebrada de todos no escritório, pensando que podemos pintar o gesso da cor de nossa pele e convencer todos de que sempre mancamos.

Pense nas pessoas com as quais você trabalha todos os dias. Muitas delas não exibem áreas em que são incompletas ou problemáticas? Considere os sintomas descritos no começo deste capítulo. Não seria mais fácil se seus colegas de trabalho não carregassem tanta raiva? Se não fossem tão deprimidos ou estressados? Se deixassem de ser negativos ou críticos em relação a si mesmos e ao resto da equipe? Se tivessem alegria e uma crença verdadeira no potencial humano? Se fossem persistentes e também generosos com seus colegas?

Não seria melhor se todas essas coisas realmente se aplicassem a você?

A estratégia: torne-se uma pessoa íntegra

Não podemos curar nossos colegas de trabalho, mas podemos mudar a forma como tratamos as pessoas incompletas. Em troca,

15. Excerto publicado neste livro com a permissão de *CareerJournal.com* © 2006 Dow Jones & Co. Inc. Todos os direitos reservados.

essa atitude irá mudar a maneira como os outros se relacionam conosco.

Como pessoas curadas e emocionalmente saudáveis, podemos ser resilientes – e até corajosas – quando encontramos indivíduos incompletos. Contudo, antes disso, precisamos compreender quais são nossos problemas e por que passamos por eles, preencher os espaços em branco das nossas fitas interiores e, então, educar-nos a agir de maneira saudável. Logo depois disso, começaremos a ver mudanças reais e sólidas em nossos relacionamentos e em nosso ambiente de trabalho.

Como pessoas curadas e emocionalmente saudáveis, podemos ser resilientes — e até corajosas — quando encontramos indivíduos incompletos.

Minha amiga Cecily Truett, a produtora de TV, já ganhou dezesseis prêmios Emmy e inúmeros prêmios Peabody* Em parceria com o marido, Larry Lancit, ela desenvolveu uma empresa de produção muito bem-sucedida, que levou para a televisão norte-americana uma programação infantil de sucesso durante 25 anos. Ela e eu nos encontramos há algum tempo, e me senti inspirada por sua jornada em busca de integridade pessoal ao longo dos últimos anos.

* Prêmio concedido pela Universidade da Geórgia a produções jornalísticas e de entretenimento para TV e rádio nos Estados Unidos. Fonte: <http://www.bluebus.com.br/show/1/68259/south_park_ganha_premio_por_criticar_a_hipocrisia_americana>. Acesso em 18/8/2008. (N.E.)

Fiz um ótimo trabalho servindo os filhos dos outros. Era uma missão e uma paixão, mas, em certo sentido, era também uma distração da intimidade de que eu precisava, mas não sabia como alcançar, com aqueles que mais importavam para mim. A sensação de recompensa, de missão e de propósito em meu trabalho era verdadeira, nobre e boa, e me trouxe uma grande dose de realização. Porém, eu gostaria de ter sentido as recompensas que poderiam ter sido colhidas por todos nós se eu tivesse mais intimidade e cuidado com meus filhos e meu marido. A minha grande lição de vida foi compreender isso agora.

Eu tinha 50 anos quando vendemos a empresa. Vaguei procurando uma nova missão por três ou quatro anos. Então, em meio a uma crise com uma de nossas filhas, conheci uma terapeuta. Ela conduziu um tratamento fantástico que beneficiou toda a minha família. Ela também me ajudou a encontrar uma nova missão, uma transição que foi bastante assustadora e difícil para mim. Eu passei de uma missão que havia sido vasta, mundial, grande e extraordinária para outra que era profunda, pessoal e íntima – ou seja, aprender como ser amorosa com cada uma das pessoas mais importantes da minha vida.

Se eu pudesse voltar atrás, estabeleceria limites maiores em meu trabalho – meu vício e minha paixão – e redirecionaria meu tempo e minha dedicação para meus filhos e minha família. Eu não os maltratei; todos eles foram amados e tiveram uma boa e afetuosa família. Porém, faltou "servi-los". Isso também é uma missão.

Aprendemos a separar nossos sentimentos de nosso trabalho. Restabelecer essa conexão foi uma coisa que minha terapeuta me ajudou a fazer. Eu não fazia a menor idéia de que havia maneiras para crescer, para buscar esse tipo de coisa. Quando você está alienada de si mesma e dos outros, você não compreende o que é a intimidade verdadeira, não sabe como procurar bem no fundo de si e reconhecer os próprios sentimentos, agradecendo por tê-los e valorizando-os, não importa o quão dolorosos possam ser. Nós empobrecemos

> nosso viver quando não permitimos que isso aconteça. Descobrir essa verdade mudou todo o contexto da minha vida. Tenho sido uma pessoa extremamente reservada. O fato de eu contar esta história é parte da minha evolução.[16]

A história de minha amiga não é incomum no mundo de trabalho das mulheres. Com freqüência, costumo encontrar histórias parecidas. De acordo com Mary Bellofatto, terapeuta em saúde mental de Nápoles, na Flórida – uma cidade repleta de mulheres dinâmicas e muito bem-sucedidas –, a carência por uma vida de verdadeira intimidade pessoal e familiar é uma questão que muitas mulheres inconscientemente enfrentam. Para Bellofatto, mulheres como Cecily procuram compensar a falta de uma vida íntima mais plena com falsos substitutos.

> As mulheres hoje estão sob uma enorme pressão. Não apenas elas se empenham para ser mais do que as próprias mães (apesar de respeitarem o que suas mães representam, elas dizem que isso não é o bastante), agora elas também assumem o papel de seus pais – ou seja, lutam para ter sucesso em casa e no trabalho, ganhar dinheiro e ter vidas paralelas que acontecem ao mesmo tempo – quer dizer, ser como mamãe e papai, tudo embrulhado em um único papel. Assim, observamos mulheres que sacrificam o contato com sua vida interior. Enquanto se esforçam para conquistar coisas – roupas, uma determinada aparência, uma maneira de ser –, elas perdem um pedaço da própria alma.[17]

Se sofremos com a falta de uma vida íntima completa ou com um outro tipo de carência interior, procurar as causas é o primeiro

16. Cecily Truett, entrevista com a autora, abril de 2006.
17. Mary Bellofatto, entrevista com a autora, abril de 2006.

passo para alcançar nossa integridade pessoal. Uma vez que tenhamos forjado nosso caminho, seremos capazes de nos tornar o que chamo de agentes da integridade em nosso trabalho. Esse papel é um dos mais gratificantes a que podemos aspirar na carreira. Ele nos ajudará a reescrever as lembranças que guardamos, os relacionamentos que desenvolvemos e o impacto que poderão ter nossos muitos projetos.

Os passos para a integridade pessoal

Existem várias maneiras práticas para começarmos a colher as recompensas da integridade pessoal. As quatro que se seguem abrangem a abordagem que muitas mulheres que conheço têm utilizado com sucesso ao longo dos anos.

Comece consigo mesma. Examine de modo honesto sua vida e seus relacionamentos. Responda: basicamente, você é uma pessoa saudável, íntegra? Seus amigos e familiares concordariam com isso? Se você observar sintomas de carência em si mesma, não os ignore. Admita sua carência, que você é uma pessoa incompleta em algum sentido, e tome as medidas necessárias para enfrentar a questão. Em vez de adequar toda sua vida a perna quebrada, o melhor é fazer uma "cirurgia". É claro que a cirurgia terá seu preço: tempo e força emocional e, possivelmente, alguma reforma nas relações. As coisas poderão ficar confusas.

Não se pode negar que a jornada em busca da integridade pessoal é um risco, mas há uma recompensa potencial que vale muito a pena.

É essa confusão que faz muitas mulheres desistirem. Quem tem todo esse tempo? Quem tem tanta paciência, persistência ou energia para isso? Há tantas coisas emocionalmente complicadas em nossa vida; por que procurar mais traumas e sofrimentos?

Não se pode negar que a jornada em busca da integridade pessoal é um risco, mas há uma recompensa potencial que vale muito a pena. Assim que a perna quebrada estiver curada, não apenas você será capaz de andar normalmente outra vez como poderá correr, pular, saltitar e escalar. Acima de tudo, você poderá conduzir outras pessoas por caminhos semelhantes.

A terapeuta norte-americana Mary Bellofatto explica bem esse processo.

> Sinta a dor, abrace-a e, depois, supere-a. Você não tem de mergulhar nela e passar o resto da vida ali. A terapia funciona melhor com as pessoas que enfrentam os problemas e, depois, seguem em frente. Você chega para um tratamento breve, trabalha algumas questões, vai embora e coloca o que aprendeu em prática, volta para a terapia e aborda outras questões, se necessário. Permita que a dor traga a resiliência para sua vida. O conflito é sinal de crescimento emocional. Quando existe conflito, anime-se; procure e descubra a solução para ele. Pergunte: "Qual é a mensagem superior e o bem maior que depreendo desse processo todo?".[18]

Torne-se uma agente da integridade. Como uma pessoa íntegra, você terá novos níveis de compaixão e compreensão. Suas feridas não irão mais subverter sua capacidade de olhar para além de si mesma. Você passará a ver os outros através de lentes reveladoras das razões mais profundas que levam as pessoas a fazer o que fazem.

---

18. Mary Bellofatto, entrevista com a autora, abril de 2006.

Você verá o que está por trás do comportamento das pessoas e desenvolverá a capacidade de mostrar compaixão por elas, em vez de julgá-las.

Vários anos atrás, tive uma experiência bastante gratificante nessa esfera. O homem para quem eu trabalhava na época mostrava algumas carências óbvias e era muito inseguro. Ele passava os dias procurando fazer as coisas do seu modo e, portanto, não tinha muito interesse em apoiar os profissionais de sua equipe. Por meses, ele me desapontou e me aborreceu, às vezes até a exasperação. Eu o via como o principal obstáculo para atingirmos nossos objetivos e, apesar de suas maneiras agradáveis, eu mal conseguia suportar sua sede insaciável por auto-afirmação.

Um dia, em vez de opor resistência a ele e de deixar seu comportamento me perturbar, acreditei que poderia ajudá-lo. Comecei por considerar a parte de sua vida pessoal que eu sabia ser sofrida, imaginando que ele ainda enfrentava problemas em casa. A partir desse novo ponto de vista, passei a ser menos crítica e a mostrar mais compaixão. Era mais fácil ser paciente com ele quando eu lembrava como sua vida íntima era difícil. Passei a ouvi-lo mais e a encorajá-lo nos vários projetos de nossa equipe. Eu podia ver como sua fisionomia se animava toda vez que conversávamos. Por fim, eu sabia que ele podia sentir o que eu representava para ele, diferentemente de quase todos os outros.

Com o passar do tempo, ele se tornou um de meus maiores defensores e o principal responsável por uma promoção que eu vinha esperando havia muito tempo. Embora essa não tivesse sido a razão de eu tê-lo ajudado, foi por forjar meu caminho para a integridade pessoal que comecei a vê-lo sob uma nova luz. Essa nova perspectiva teve um impacto não apenas na carreira dele, mas também na minha.

Fale apenas coisas positivas sobre os outros. Essa regra de ouro é tão verdadeira e eficaz hoje como foi milhares de anos atrás: “Trate os outros da maneira como você gostaria de ser tratado". Se tivermos o hábito de depreciar ou criticar as pessoas, levará mais tempo para aprendermos a segurar nossa língua quando surgir a oportunidade de falar negativamente sobre elas. Levei algum tempo até dominar essa tendência, mas as recompensas por esse esforço têm sido fantásticas.

Um homem para quem trabalhei há anos, um líder importante e um modelo de profissional em nossa companhia, tinha o terrível hábito de falar dos outros pelas costas. Muita gente faz esse tipo de coisa de vez em quando, mas ele era imbatível, o pior que já conheci! Quase todas as vezes que nos encontrávamos, ele falava mal de alguém. Embora houvesse vezes em que era tentador (e até mais seguro) concordar com ele, lutei com persistência para manter minha boca fechada.

Do meu ponto de vista, o comportamento dele tornava-se cada vez mais inaceitável. Pensei em jogar por baixo da porta de sua sala todo artigo que eu encontrava explicando por que difamar os outros é um caminho de autodestruição para qualquer líder. Em vez disso, eu simplesmente evitava tomar parte da discussão. Eu me limitava a ouvir e, às vezes, retrucava alguma coisa positiva sobre as pessoas, trazendo à tona a possibilidade de conceder-lhes o benefício da dúvida.

Jamais esquecerei um dia, depois de mais ou menos um ano desse jogo, em que eu estava em uma reunião com esse homem e mais alguns profissionais. Todos eles fizeram comentários negativos sobre uma pessoa, até que, afinal, olharam para mim esperando minha concordância.

Nesse momento, o líder interrompeu. "Ah, Lynette jamais dirá qualquer coisa negativa sobre quem quer que seja". Ele disse isso em um tom provocativo, mas eu pude sentir respeito em sua voz. Fiquei agradecida e, ao mesmo tempo, constrangida, mas o episódio serviu para mostrar que a opção que eu havia feito foi notada. Eu achava que o homem nunca havia se dado conta da minha atitude, mas a minha pequena decisão aparentemente o deixou impressionado.

Embora eu acredite que ele jamais mudou sua maneira de ser, encontrei satisfação no fato de ter mantido minha atitude, às vezes quase à custa de meu emprego. Valeu a pena.

As pessoas íntegras no trabalho são
tão raras que, se você se tornar uma delas,
ficará maravilhada com as muitas
oportunidades que se abrirão à sua frente.

Encare seu local de trabalho como um campo de prática para a grandeza. É fácil acomodar-se à rotina. Fazemos o mesmo trabalho muitas e muitas vezes, conversamos com as mesmas pessoas sobre as mesmas coisas e seguimos padrões previsíveis de relacionamento. Existem as pessoas de que gostamos e as de que não gostamos. Pode parecer estranho ou impossível escapar desses padrões e promover mudanças. Porém, se você conseguir realizar esse feito, sentirá uma nova energia vital fluindo em seu local de trabalho. As pessoas irão olhar para você como uma líder e não apenas como mais um rosto na multidão. As pessoas íntegras no trabalho são tão raras que, se você se tornar uma delas, ficará maravilhada com as muitas oportunidades que se abrirão à sua frente, à medida que reconhecerem que você aproxima os outros, em vez de isolá-los ou separá-los.

Muitas vezes, isso poderá parecer arriscado, mas as pessoas que têm grandeza estão acostumadas a assumir riscos. O ex-presidente norte-americano John Fitzgerald Kennedy tinha razão ao afirmar o seguinte: "Para todo programa de ação, há riscos e custos. Mas estes são bem menores dos que os riscos e os custos de longo prazo da cômoda falta de ação".

Estes simples mas poderosos passos em direção à integridade pessoal irão gerar tanta energia positiva que você ficará admirada. Os novos padrões que você construir sobre a base da integridade irão levar vida e encorajamento a seu local de trabalho.

Com certeza, não sou uma agente perfeita da integridade pessoal, mas meu objetivo é me tornar uma pessoa mais paciente e compreensiva, alguém totalmente confiável que se importa muito mais com as pessoas do que com os processos ou os resultados. Alguém que acredita no potencial e nas possibilidades das pessoas e que inspira os outros a serem tudo o que estão destinados a ser.

Você não se juntaria a mim? Imagine a diferença que poderemos fazer e como o nosso local de trabalho poderá ser muito mais gratificante e satisfatório quando as pessoas íntegras e curadas estiverem liderando a construção de ambientes em que todos realmente desejem estar e trabalhar.

Ninguém reconhece meu valor neste lugar! 3

Minha mãe me ensinou a pensar nos outros antes de pensar em mim mesma, e procurei educar minhas filhas da mesma maneira... Porém, agora observo que minha filha de 16 anos, que é apaixonada por trabalho social e assumiu posições de liderança em suas atividades extracurriculares, passa a maior parte do tempo trabalhando para que todos tenham aquilo de que precisam... Assim, eu disse a ela: "Você precisa pensar mais em você, ser mais egoísta com o seu tempo...". A ironia dessa mensagem não me escapou. Depois de ensiná-la a ser altruísta todos esses anos, de repente, naquele momento, eu estava lhe pedindo para ser mais egoísta.

Andrea Baumann Lustig

Consultora em administração de investimentos

Quando foi a última vez que alguém disse, no seu trabalho, as seguintes frases para você ou outra pessoa?

- Você é um presente para nossa instituição!
- Suas capacidades e sua competência fazem uma enorme diferença para todo mundo aqui!
- O que faríamos sem sua energia e seus conhecimentos?
- O que posso fazer para lhe mostrar o quanto você é importante para mim e para nossa equipe?

Eu não cheguei a ouvir afirmações como essas muitas vezes em minha carreira. Imagino que você também não. Por que valorização, reconhecimento e recompensa são produtos tão raros em nossa vida profissional?

Ao começar minha carreira aos 20 e poucos anos, eu acreditava que se encontrasse alguma coisa pela qual me apaixonasse, se gostasse daqueles para quem trabalhasse e se fizesse parte de uma companhia que tivesse a reputação de tratar bem seus funcionários, não apenas eu seria bastante valorizada e recompensada, mas eu me *sentiria* assim durante a maior parte do tempo.

Acordei dez anos depois e percebi que o oposto de tudo isso era mais verdadeiro. Foi a maior decepção que já tive em minha vida profissional. Não uma decepção que me levasse ao desespero. Não uma decepção que me deixasse sem esperança, nem amarga, nem confusa. Foi apenas uma sutil sensação de frustração. Uma sensação de que independentemente do sucesso que eu pudesse ter alcançado, de alguma maneira eu havia perdido algo importante, algo que eu merecia.

Eu gostaria de ter me sentido mais útil, que minhas capacidades tivessem sido mais bem aplicadas em meu trabalho. E o que dizer sobre meu talento para a decoração e a moda, sobre meu interesse pelas artes e pela nutrição – essas coisas também não poderiam ter sido incorporadas de alguma forma ao trabalho no qual investi o melhor de mim e do meu tempo? Eu desejava ser sinceramente valorizada e reconhecida por meus esforços e por toda energia que investi de modo tão generoso em todas as horas de cada dia de trabalho (e quantas vezes mais e mais horas em casa depois do expediente no escritório?).

Além disso, havia a questão do salário. Trabalhando para uma organização sem fins lucrativos na ocasião, eu sabia muito bem que era bastante improvável eu ficar rica ali, principalmente diante das dificuldades financeiras que minha instituição enfrentava. O estresse de viver com tão pouco por tanto tempo cobrou muitas vezes seu preço, em especial quando uma amiga me ligou para contar que ela e o marido haviam acabado de comprar sua segunda casa, enquanto eu ainda morava no meu primeiro pequeno apartamento.

Desde então, houve momentos fortuitos em que me senti valorizada, se não por meu chefe, com certeza pelas pessoas com as quais trabalhei. Também houve ocasiões em que senti como se grande parte das minhas competências estivesse sendo utilizada e em que fui reconhecida de maneira satisfatória. Por alguma razão, entretanto, eu acreditava que esse tipo de sentimento estaria presente mais vezes e de maneira muito mais profunda em minha carreira do que de fato ocorreu.

O desafio: sou subutilizada, não reconhecida e mal paga

Muitas mulheres com quem converso dizem se sentir dessa maneira pela maior parte do tempo. Gostaríamos de ser reconhecidas pelos outros, profundamente valorizadas de uma forma que faça sentido para nós, recompensadas não apenas de maneira justa, mas também generosa, e livres para desenvolver todas as nossas muitas capacidades e talentos. Muitas vezes, porém, isso não acontece.

Um interessante estudo realizado pelas empresas de consultoria empresarial Towers Perrin e Gang & Gang mostra que todas as categorias e todos os níveis de empregados manifestam os mesmos desejos. A pesquisa mostra também que as pessoas se relacionam com o trabalho de maneira muito forte e pessoal, embora os sentimentos em relação a sua experiência profissional atual sejam sem dúvida negativos.

Além disso, o estudo descobriu que as pessoas geralmente tendem a classificar sua experiência profissional em três grupos ou categorias:

1. *Meu eu* – o quanto o trabalho me dá um senso de confiança, competência e controle sobre meu destino.
2. *Meu trabalho* – a natureza do que faço, o tipo de contribuição que dou e como sou reconhecido e recompensado.
3. *Meu ambiente de trabalho* – as pessoas com quem e para as quais trabalho, a cultura e a atmosfera da empresa.[19]

As pessoas se relacionam com o trabalho de maneira muito forte e pessoal, embora os sentimentos em relação a sua experiência profissional atual sejam sem dúvida negativos.

Podemos concordar que acalentar expectativas particulares em relação a essas categorias é justo e legítimo, contudo, às vezes nossas expectativas geram uma tensão difícil. Nem sempre temos tanta certeza sobre a questão do merecimento. Será que deveríamos apenas nos contentar em servir? Não existe alguma recompensa por lutar em silêncio, servindo os outros sem nenhuma expectativa, apenas sendo gratas pelo que recebemos e pelo que podemos dar?

19. TOWERS PERRIN; GANG & GANG. *Working today: exploring employees' emotional connections to their jobs*. 2003. Disponível em: <http://www.towersperrin.com/hrservices/webcache/towers/United_States/publications/Reports/Working_Today_Exploring_Employees_Emotional_Connection_to_Their_Jobs/Work_Experience.pdf>. Acesso em: 18/8/2008.

Talvez tenhamos herdado essas idéias de nossas mães e avós. Historicamente, as mulheres têm ocupado posições subalternas como serviçais, com freqüência recebendo subsalários, às vezes nem isso, chamadas a se sacrificar pelo bem dos outros. Somos educadas para pensar nos outros em detrimento de nós mesmas. É melhor dar do que receber. E assim por diante.

Até onde devemos servir?

Minha amiga Andrea Baumann Lustig, consultora financeira muito bem-sucedida que trabalhou por vários anos como consultora de administração de bens e em Wall Street, falou em uma entrevista como ela vê essa tendência de sacrificar-se pelos outros, que já se manifestou em sua filha. Ela também reconhece as tensões que essa questão gera.

> Minha mãe me ensinou a pensar nos outros antes de pensar em mim mesma, e procurei educar minhas filhas da mesma maneira. Assim, elas recebem todas as mensagens de uma sociedade liberal sobre o papel feminino. Porém, agora observo que minha filha de 16 anos, que é apaixonada por trabalho social e assumiu posições de liderança em suas atividades extracurriculares, passa a maior parte do tempo trabalhando para que todos tenham aquilo de que precisam e só começa a fazer sua lição de casa após cuidar de todas as outras coisas. Assim, eu disse a ela: "Você precisa pensar mais em você, ser mais egoísta com o seu tempo – faça primeiro seu trabalho da casa antes de servir todas essas outras pessoas". A ironia dessa mensagem não me escapou. Depois de ensiná-la a ser altruísta todos esses anos, de repente, naquele momento, eu estava lhe pedindo para ser mais egoísta.
>
> Pude ver que isso não fazia o menor sentido para ela, e não me pareceu certo também. Quero que ela seja generosa, mas não quero que ela deixe

> escapar as oportunidades porque não presta atenção em si mesma. Essa tensão permaneceu comigo até que usei a mesma palavra, *egoísta*, com minha *personal trainer*.
>
> Nesse dia, confessei a ela que eu não havia sido egoísta o bastante para encontrar tempo de fazer meus exercícios e cuidar de mim. Então, ela me disse que *egoísta* era a palavra errada para isso. Na verdade, eu precisava ser mais *dedicada* a mim mesma. Bingo! Naquela mesma noite, procurei minha filha e sugeri que ela precisava ser tão dedicada a seus sonhos e suas necessidades quanto era em ajudar as outras pessoas.
>
> Acredito que as mulheres mais bem-sucedidas no trabalho incorporaram essa mensagem e, portanto, são mais capazes de se concentrar no desenvolvimento das competências e redes de relacionamento de que precisam para subir as escadas da vida profissional. Elas podem ser devotadas a sua carreira, mas também são devotadas a si mesmas.[20]

Compreendo perfeitamente o dilema da filha de Andrea. Talvez todas nós compreendamos.

Servir os outros é o supra-sumo para nós. Quando servimos por meio do nosso trabalho, oferecemos às pessoas alguma coisa mais importante do que um produto final. Do ponto de vista histórico, servir os outros parece ser um dom natural das mulheres.

O livro *Games Mother Never Taught You* [Jogos que a Mamãe Nunca lhe Ensinou], de Betty Lehan Harragan, ilustra essa questão. Embora escrito na década de 1970, ele traz alguns *insights* interessantes que são pertinentes ainda hoje. A autora discorre sobre como, em geral, as mulheres têm a impressão de que uma equipe de trabalho é um grupo fluido e homogêneo, em que todos trabalham juntos, cada pessoa fazendo o que sabe fazer melhor, dando conta de qual-

20. Andrea Baumann Lustig, entrevista com a autora, abril de 2006.

quer tarefa que precise ser realizada a qualquer momento – em outras palavras, servindo ao bem da equipe à custa de si mesmos. Harragan afirma que isso é um engano.

"Espera-se que os membros de uma boa equipe cumpram suas responsabilidades específicas, e ponto final", explica ela. "Nenhum jogador corre o campo todo para jogar em diferentes posições; as regras são muito rigorosas sobre isso. Porém, espera-se que cada membro da equipe realize qualquer tarefa que lhe seja atribuída e que o faça da melhor maneira possível. Muitas jovens transgridem essas diretrizes e depois se perguntam por que não conseguem ser promovidas a posições melhores."[21] Em outras palavras, nossas mensagens interiores nem sempre agem em nosso favor, embora ninguém defenda aqui que servir à equipe ou a um bem maior não tenha o seu valor.

O reconhecimento é superestimado?

Muitas mulheres que são exemplos para nós também se dedicaram a servir os outros. Descobri uma delas quando eu estava na faculdade: Clara Bartons. Fundadora da Cruz Vermelha nos Estados Unidos, ela trabalhou como enfermeira na Guerra Civil norte-americana e passou toda a vida servindo os outros, até morrer aos 90 anos de idade em 1912 (algo notável no início do século XX).

Também adoro a história de Harriet Tubman, uma escrava nascida em Maryland que fugiu para o norte dos Estados Unidos e ficou conhecida como a "Moisés" de seu povo. Fiquei fascinada pela maneira como ela liderou centenas de escravos para a liberdade usando, para isso, a Underground Railroad, uma rede secreta de casas segu-

21. HARRAGAN, Betty Lehan. *Games Mother Never Taught You*. Ed. rev. Nova York: Warner Books, 1989. p. 82.

ras onde os escravos fugitivos podiam se abrigar em sua jornada até os estados livres no norte do país. Durante a Guerra Civil, ela foi espiã das forças federais na Carolina do Sul e serviu como enfermeira. Admiro sua coragem e seu sacrifício pessoal.

Essas mulheres, e tantas outras como elas, trabalharam em troca de muito pouco ou de nada. Seus salários eram pequenos ou inexistentes, seu valor e suas realizações não foram reconhecidos de modo integral em suas épocas, se um dia chegaram a ser. Mesmo na geração de minha mãe, as mulheres trabalhadoras eram, em sua maioria, enfermeiras ou professoras, profissões valorosas de serviço que, ainda hoje, são largamente desempenhadas por mulheres.

Nos últimos vinte anos, nós mulheres fizemos enormes avanços no mundo do trabalho, ingressando em quase todas as profissões, ganhando salários cada vez melhores, alcançando privilégios e oportunidades com que nossas mães apenas sonhavam. Assim, não deveríamos ser gratas?

Sim e não. Podemos ser gratas, sim, mas também podemos admitir o desejo legítimo de sermos verdadeiramente reconhecidas e recompensadas por tudo o que oferecemos, fazemos e alcançamos.

O que aconteceu com os meus sonhos?

Depois de formada, trabalhei em minha universidade, em Oklahoma, como diretora-assistente de serviços para ex-alunos. Era meu segundo emprego. Quando fui entrevistada para o cargo, eles me explicaram que eu começaria como diretora-assistente, passaria um ou dois anos aprendendo tudo sobre o trabalho e, então, seria promovida a diretora do setor. A proposta me pareceu muito boa, de maneira que me dispus a ganhar um salário menor para mergulhar nesse novo e estimulante desafio.

Depois de cerca de um ano e meio na função, enquanto eu ainda esperava pela promoção e pelo aumento de salário prometidos, a diretora aposentou-se após dezessete anos na universidade. Ela havia se tornado uma querida amiga e uma excelente conselheira profissional. Ao mesmo tempo em que fiquei triste por vê-la partir, acreditei que essa seria a oportunidade óbvia para que eu assumisse o cargo dela. Infelizmente, outra pessoa foi escolhida.

Tornou-se difícil levantar da cama algumas manhãs, mas preferi acreditar que muito em breve as coisas virariam a meu favor. Meu novo chefe também se tornou um querido amigo para mim, e considerando que no início ele sabia pouco sobre os programas para ex-alunos, eu, em muitos aspectos, servi como diretora enquanto ele se inteirava de sua nova função.

Nessa época, a universidade enfrentava dificuldades financeiras importantes. Nosso orçamento havia sofrido cortes sucessivos. Contávamos apenas com poucos funcionários em nosso departamento, mais vários estagiários. Passávamos horas a fio procurando sensibilizar os ex-alunos, por telefone e pessoalmente, para que participassem e nos ajudassem a desenvolver os serviços.

> *Podemos ser gratas, sim. Mas também podemos admitir o desejo legítimo de sermos verdadeiramente reconhecidas e recompensadas.*

Foi uma época muito gratificante, embora muitas vezes eu me sentisse desestimulada. Enquanto meus amigos recebiam bons salários, compravam casas, investiam dinheiro e tinham filhos, eu continuava amarrada a um salário baixo, esperando uma promoção e um aumento e me perguntando se um dia eu conseguiria guardar algum dinheiro. Comecei a questionar aquela situação e a me sentir muito frustrada.

O que aconteceu com meus sonhos? Aqui estou neste cargo relativamente insignificante, sem equipe, sem dinheiro para realizar os projetos, ninguém para me aconselhar nem me treinar. Eu nem sei direito o que estou fazendo durante a metade do tempo. Quando chegará a minha vez de progredir?

Em vez do ano e meio, esperei cerca de oito anos pela prometida promoção. Finalmente, fui nomeada diretora de serviços para ex-alunos e de relações públicas. Com o novo título, recebi um aumento de salário. Isso, os aplausos de meus colegas e as mensagens de felicitações dos ex-alunos a quem servi fizeram-me sentir muito valorizada e recompensada pela primeira vez em vários anos.

Lamentavelmente, esses sentimentos não duraram muito mais do que seis meses. Mesmo nos primeiros tempos após a promoção, houve momentos em que questionei se as coisas eram como deveriam ser, se eram mesmo tudo aquilo pelo que eu havia esperado tanto. Eu merecia mais? Eu estava sendo mal-agradecida? Minhas expectativas eram idealizadas?

O que merecemos

Não é assim que as coisas acontecem muitas vezes? Lutamos anos a fio por uma promoção. Fazemos o jogo político; agradamos aqueles que precisam ser agradados. Abrimos mão de nosso tempo livre. Em alguns casos, sacrificamos nossa saúde; sucumbimos ao estresse, ao esgotamento e à pressão. Em um momento ou outro, alguém nos nota. Ficamos felizes com o reconhecimento, mas sentimos o impulso de gritar: "Eu também quero um aumento!" ou "Diga isso à minha chefe e peça que ela tome uma atitude agora!".

Sempre quis saber como seria trabalhar para uma pessoa proativa, que agisse em meu favor. Eu olhava ao redor para ver se conseguia identificar alguém, qualquer um, que ostentasse esse talento de liderança. Afinal, ser proativo é uma qualidade básica de um líder, não é?

As pessoas para as quais trabalhei certamente mostravam esse atributo em pequenos graus e em determinados momentos, pelo que eu me sentia grata e revigorada. Apesar disso, minha satisfação no trabalho, com freqüência, era baixa e a minha frustração, alta. É fácil dizer a nós mesmas que deveríamos agradecer por ter um emprego e valorizar aquilo que nos é dado. Talvez devêssemos deixar de ser tão idealistas em relação a nossos chefes ou colegas e de ser tão carentes de aprovação e reconhecimento.

Com o passar dos anos, aprendi a diminuir minhas expectativas e, por conseguinte, também minha decepção e frustração. Agora, esses sentimentos parecem emergir apenas quando eu *espero* ser recompensada depois de receber uma avaliação de desempenho brilhante, por exemplo, ou na época da distribuição dos lucros da companhia, quando sei que atingi todas as minhas metas. Entretanto, descobri algumas maneiras muito positivas de lidar proativamente com essas necessidades e esses sentimentos.

Em um determinado ponto do caminho, reconheci que o que eu esperava do meu chefe era improvável que acontecesse. Então, comecei a desenvolver várias estratégias pessoais que ajudaram a me manter firme nessa estrada. Elas também me ajudaram a descobrir novas e criativas válvulas de escape, e não só uma lista de obrigações e responsabilidades.

A estratégia: adote métodos para conquistar uma nova alegria e satisfação

As estratégias que desenvolvi aplicam-se às categorias que, em geral, têm um impacto positivo em nossas emoções em relação ao trabalho:

- *Autovalorização* – o quanto meu trabalho me faz sentir competente, confiante, importante e no controle.
- *Resultados* – o nível de contribuição que sou capaz de dar à minha companhia e equipe.
- *Pessoas* – os indivíduos com quem trabalho e a qualidade do meu relacionamento com eles.

À medida que abordo essas estratégias, considere sua situação atual ou seu *status* em relação a cada uma das seguintes situações.

Quando você se sente subutilizada

Quando tenho a sensação de que minhas atribuições estão definidas de uma maneira muito limitada ou quando imagino se a companhia abriria espaço para eu expandir minhas responsabilidades, tenho duas opções: ou olho para além de minhas atribuições ou encontro novas maneiras de trabalhar dentro de seus limites.

Olhar para além de minhas atribuições. Quando atuei como diretora de serviços para ex-alunos na universidade por um tempo mesmo sem o título, eu já estava aborrecida com aquelas responsabilidades. Isso porque eu havia desempenhado aquelas funções por vários anos e precisava de algo mais.

Na ocasião, meu interesse em relações públicas começou a surgir, o que me levou a pensar em estabelecer um contato mais sistemático com a comunidade. Foi então que conheci dois corretores de imóveis que ajudavam a universidade a arrendar seu complexo hospitalar. Por sua vez, eles me apresentaram a um homem que alugava, administrava e expandia um centro comercial nas proximidades.

Um dia me ocorreu que todos nós poderíamos nos beneficiar se mantivéssemos encontros regulares para tratar do desenvolvimento de nossa região. Meus amigos corretores acharam que a idéia tinha valor e, assim, sondamos os líderes dos três principais negócios da Rua 81 e da Avenida Lewis e organizamos nosso primeiro encontro durante um almoço.

Um dos participantes ofereceu o local para o encontro, enquanto outro providenciou a comida. Com a ajuda de um de meus amigos corretores, organizei uma agenda e conduzi o evento, que, após duas horas, foi considerado um sucesso por todos os presentes.

Decidimos, então, realizar encontros mensais, e em dois meses nos intitulávamos "Associação da 81 e Lewis". Uma matéria favorável, com nossa foto, foi publicada no jornal local, divulgando nossa visão para o crescimento da comunidade naquela pequena esquina. Comecei a ser reconhecida como a líder do grupo, e minha satisfação pessoal floresceu. Eu adorava meus novos relacionamentos fora da universidade e a idéia de explorar novos desafios e talentos.

Eu não sabia o que estava fazendo quando comecei. Não foi uma decisão pensada assim: "Vou organizar uma associação de empresas". Eu apenas sabia que gostaria de encontrar novas pessoas e ampliar minha experiência, assim investi no relacionamento com um pequeno grupo de pessoas que eu considerava dinâmicas e realizadoras, me propondo a fazer uma tentativa. Essa minha iniciativa acabou se revelando um passo extremamente importante em minha carreira e uma lição extraordinária.

A experiência ilustra uma questão que discuti com Cathy Benko, diretora nacional de gestão do Women's Initiative [Iniciativa das Mulheres], um programa para o desenvolvimento profissional das mulheres da empresa de consultoria tributária e auditoria Deloitte. Perguntei-lhe qual seria seu conselho para uma jovem iniciante, algo que ela aprendeu no seu caminho para o sucesso. "Não espere que alguém lhe dê permissão para fazer o que quer", disse Cathy. "Assuma que você a tem e use-a com inteligência, porém sem ser prudente demais."[22]

Adoro essa premissa e sempre a comento em seminários, perguntando às mulheres se alguma vez já sentiram que precisavam esperar permissão para fazer alguma coisa. Em geral, as cabeças acenam positivamente por toda a sala. Muitas mulheres não querem parecer agressivas demais ou presunçosas, por isso esperam um convite ou uma aprovação para fazer algo novo.

Um dos meus lemas pessoais é o seguinte: a diferença entre quem faz e quem não faz é que quem faz simplesmente faz. Então, por que não fazer o que você de fato quer? Agora mesmo, hoje, sem uma permissão formal, sem um título ou uma descrição oficial de atribuições. Faça aquilo que seu coração mandar, coisas que irão acrescentar uma nova satisfação e alegria a seu trabalho, coisas que estão em harmonia com seu propósito.

Se você for jovem, lembre-se do que disse o grande físico norte-americano Richard Feynman, laureado com o Prêmio Nobel: não é coincidência, explicou ele, que quase todas as descobertas importantes da física tenham sido feitas por pessoas com menos de 25 anos, porque quando você tem menos de 25 anos, você não sabe que não sabe.[23]

---

22. Cathy Benko, entrevista com a autora, abril de 2006.

23. Richard Feynman, citado por PETERS, Tom. *Leadership*. Nova York: DK Publishing, 2005. p. 141-2.

A diferença entre quem faz e quem não faz é que quem faz simplesmente faz.

Se você não completou o exercício do capítulo 1 para escrever uma declaração concisa de propósito, faça isso agora. Escreva sua declaração de propósito, procure compreender por que você faz o que faz e, então, pergunte-se: "Por que não? Por que não eu, por que não agora, por que não essas poucas coisas que poderiam trazer um novo entusiasmo e satisfação para este trabalho agora?". Se você colocar isso em prática, ficará surpresa em ver como uma idéia ou experiência é capaz de injetar mais energia e interesse em seu trabalho de todos os dias.

Pense por alguns minutos, ou talvez pelas próximas semanas, na maneira como você pode expandir sua função sem ser solicitada ou sem pedir permissão. Tire da cabeça o conceito de *mudança* por um instante e comece a pensar em *acréscimo*.

- Quais das qualificações que você possui (ou deseja cultivar) não são utilizadas no seu trabalho atual?
- De que novas maneiras você pode realizar suas responsabilidades atuais empregando essas qualificações?
- Quais conhecimentos que você adquire, talvez até mesmo nas tarefas cotidianas mais simples, poderiam equipá-la para expandir a sua função?

> *Tire da cabeça o conceito de mudança por um instante e comece a pensar em acréscimo.*

Acrescente uma nova perspectiva ao trabalho que você já faz. Passe a olhar suas tarefas com as lentes da função que você de fato deseja ter, assim você poderá encontrar maneiras de fazer suas atribuições atuais se conectarem a oportunidades mais amplas.

Por exemplo, quando trabalhei na Deloitte, vários assistentes de *marketing* detestavam a tarefa de coletar os dados financeiros de nossos clientes mundiais. Tratava-se de tediosos relatórios mensais de vendas para cada equipe. Da perspectiva desses funcionários, a tarefa parecia totalmente desvinculada das atribuições do *marketing* e, na verdade, era mesmo.

Eu os estimulei a começar a ler os dados e analisá-los de acordo com o contexto no qual os projetos eram vendidos e por quê. O simples acréscimo da análise àquela árdua tarefa ajudou-os a se tornarem as pessoas mais bem informadas da equipe. Dessa maneira, eles passaram a participar das reuniões não meramente para lembrar às pessoas que enviassem seus dados, mas também para oferecer *insights* importantes adquiridos por meio da análise desses dados. Esse novo aspecto de seu trabalho conduziu-os a uma posição de estrategistas, um papel que eles desejavam mas imaginavam não ter com o cargo de assistentes.

Há ainda outras perguntas para fazer a si mesma se sentir que é subutilizada, incluindo as seguintes:

- Seu trabalho a coloca em contato com pessoas que lhe poderiam ser úteis no sentido de ampliar seu *networking*, obter orientação e desenvolver relacionamentos gratificantes?
- Existem novos projetos aos quais você pode se candidatar, com o objetivo de conhecer novas pessoas e aumentar sua bagagem?
- Existem associações profissionais ou outras organizações nas quais você pode ingressar, mesmo usando seu tempo livre para isso, e que podem ampliar conhecimentos, relações e oportunidades?

Um dia desses, minha irmã me contava como ela se sentia limitada e até um tanto incompetente. Ela colocou essa situação em uma perspectiva perfeita: "Em vez de dizer que estou *presa*, vou dizer que estou *plantada*". Adoro esse ponto de vista. Ele muda tudo. Em vez de me colocar no lugar da vítima, passo para uma posição que me permite crescer, expandir minhas raízes e me nutrir dos elementos de que preciso para florescer aqui e agora. Minha irmã acabou fazendo isso muito bem, e agora sua vida é mais bonita e cheia de esperanças por causa disso. A sua também será.

Westina Matthews Shatteen, diretora administrativa de liderança comunitária da instituição financeira Merrill Lynch, em Nova York, fala de um princípio que ela aplica em sua vida e que resume bem o tema que discutimos aqui.

> Todo ano procuro começar alguma atividade que eu normalmente não pensaria ser capaz de fazer. No último ano, meu marido me deu uma bicicleta, assim, peguei minha *bike* e comecei a passear por nossa vizinhança. Foi bem difícil, uma mulher de 50 e poucos anos andando de bicicleta, mas lá fui eu. Então, no outono, resolvi renovar minha carteira de motorista, depois de muitos e muitos anos

sem dirigir. Matriculei-me em uma auto-escola e freqüentei as aulas de direção. Minhas mãos suavam e eu tremia toda, mas vi novamente que, quando deixamos nossas zonas de segurança e nos arriscamos, muitos caminhos se abrem à nossa frente. Para mim, andar de bicicleta e dirigir um carro foram metáforas para abrir meus caminhos. Quando comecei a fazer essas duas coisas, eu estava me dirigindo a lugares que jamais imaginei.[24]

Quando você não é reconhecida

Se você sentir que seu chefe ou os que estão à sua volta não reconhecem por completo seus talentos e suas capacidades, então a primeira coisa a fazer é abandonar a crença de que o reconhecimento dessas pessoas é essencial para seu avanço.

Para mim, essa foi uma lição bem difícil de aprender. Meu sentido interior de justiça fica ofendido quando me dedico integralmente, vou além dos limites e, ainda assim, a pessoa para quem trabalho, que é quem mais ganha com minha dedicação e competência, não parece reconhecer meu desempenho.

Portanto, quando fico impaciente, desestimulada e frustrada com o andar aparentemente lento em direção à promoção ou com a falta de reconhecimento do valor do meu trabalho, lembro-me das Claras Bartons e das Harriets Tubmans do mundo – mulheres que não tinham uma descrição de atribuições, nem bônus pelo desempenho e que, apesar disso, perseguiram seu propósito e sua paixão.

Eu me inspiro nesse pensamento de Helen Keller,* que era cega e surda de nascimento: "O caráter não pode ser desenvolvido

---

24. Westina Matthews Shatteen, entrevista com a autora, abril de 2006.

* Helen Keller, escritora norte-americana, cega e surda de nascença, aprendeu a ler, escrever e falar graças a sua professora Anne Sullivan, tendo se tornado conferencista e publicado vários livros. (N. T.)

na paz e no silêncio. Somente por meio da provação e do sofrimento pode a alma ser fortalecida, a ambição inspirada e o sucesso alcançado".

Todas essas mulheres incríveis nos lembram de que períodos de sofrimento, muitas vezes, estão presentes no caminho para qualquer coisa que valha a pena ser conquistada; são os catalisadores que ajudam a nos afastar dos interesses pessoais que se opõem ao bem maior. Esses períodos também nos fazem desenvolver uma compaixão mais profunda. Nós não mais nos apressamos a oferecer uma simples fórmula para aliviar a angústia de alguém, pois reconhecemos em nossas vidas como esse tipo de estratégia pode ser ineficaz diante de uma grande desilusão ou mágoa.

Quando enfim aprendi a relevar a falta de reconhecimento e passei a canalizar minhas energias para criar oportunidades, minha necessidade de ser reconhecida pareceu sumir. Eu ainda gosto de reconhecimento, mas ele passou a ocupar um lugar secundário, atrás da necessidade de constantemente expandir meus horizontes e de criar as oportunidades que tanto desejo para mim mesma.

Períodos de sofrimento, muitas vezes, estão presentes no caminho para qualquer coisa que valha a pena ser conquistada; são os catalisadores que ajudam a nos afastar dos interesses pessoais que se opõem ao bem maior.

Por exemplo, eu estava trabalhando para a Deloitte na cidade de Tulsa, nos Estados Unidos, e por cerca de um ano e meio eu aguardava ser transferida para a cidade de Nova York. Meu chefe, que estava ocupado com seus projetos, não parecia reconhecer minha urgência para que isso acontecesse.

Ao mesmo tempo, eu trabalhava em um projeto de âmbito nacional da empresa para o qual me oferecera em uma tentativa de criar oportunidades de relacionamento e adquirir experiência. Como resultado de meu desempenho nesse projeto, fui reconhecida por uma colega com quem me relacionava nos níveis pessoal e profissional. Ela me convidou para participar de uma reunião em Washington, D. C.

Um diretor nacional de *marketing* da empresa também estava presente. Eu não sabia na ocasião, mas ele tinha conhecimento de meu interesse em uma transferência e me convidou para jantar na noite anterior à reunião. Eu nem imaginava que, enquanto apreciávamos alguns tira-gostos espanhóis, ele me investigava para saber se eu me adequaria a uma vaga que ele tinha em Nova York.

Lembro-me de ligar para minha mãe no final da reunião, sentindo-me mais desanimada do que nunca quanto à possibilidade de uma transferência. Enquanto isso, o diretor de *marketing* também deixava a reunião, acionando os meios necessários para me levar para Nova York.

Quanto mais você puder canalizar sua energia para procurar novas perspectivas, novas pessoas e novos desafios em seu trabalho atual, mais sentirá satisfação e entusiasmo.

Durante o mês que se seguiu, viajei para Nova York, fui entrevistada por pessoas com quem havia trabalhado, negociei um contrato que incluía um novo salário e um pacote de ajuda de custo para a mudança e comecei a procurar um apartamento em Manhattan. Três meses depois do evento de Washington, eu estava morando em Nova York, começando em um novo cargo.

Para mim, essa experiência é a prova de que nós nunca de fato compreendemos tudo o que está sendo orquestrado ao nosso redor. Neste exato momento, você ignora tudo o que está em marcha para sua vida. Por isso, não desista agora!

É difícil abandonar a necessidade de reconhecimento, mas quanto mais você puder canalizar sua energia para procurar novas perspectivas, novas pessoas e novos desafios em seu trabalho atual, mais sentirá satisfação e entusiasmo. No meio tempo, à medida que você começar a ampliar sua visão, experimente algumas estratégias simples para satisfazer sua justa necessidade de reconhecimento:

Apóie-se nos amigos certos. Cerque-se de amigos e colegas que reconhecem seu valor e são um estímulo constante para você.

Envolva-se, mexa-se. Escolha atividades extras (pessoais ou profissionais) que utilizem a ampla gama de seus talentos.

Elabore uma lista de realizações. Prepare e mantenha atualizada uma lista de suas realizações em curso. Mesmo as pequenas conquistas valem ser registradas. No momento em que você se sentir desanimada, leia sua lista para se lembrar da diferença que está fazendo para sua equipe, mesmo quando poucos parecem se dar conta disso. Eu tinha uma "gaveta do estímulo" em minha mesa na universidade, cheia de notas e cartões de agradecimento enviados por ex-alunos e amigos. Isso me servia de grande incentivo sempre que eu me sentia frustrada ou deprimida.

Seja grata. Quando seu chefe ou outras pessoas expressarem seu reconhecimento, mostre gratidão e desfrute esses momentos, mesmo se ocorrerem menos vezes do que você espera. Há pouco tempo, recebi um vale-presente como agradecimento por um programa inovador que eu havia desenvolvido. Achei que o valor deveria ter sido dez vezes maior, mas em vez de lamentar o tamanho do presente, recebi com gratidão e gastei tudo em uma extravagante bolsa de grife estampada de leopardo e púrpura, que eu jamais teria dinheiro para comprar. Agora, quando uso essa bolsa, lembro-me do reconhecimento e isso me faz sorrir.

Preze pela excelência. Não se esqueça da coisa mais importante que você deve fazer, independentemente da maneira como se sente agora. Acima de tudo, você deve fazer seu trabalho como se tivesse o maior cargo, o melhor escritório e o salário mais alto. Coloque em prática o que o escritor Todd Duncan chama de "cabeça de CEO". Tenha ou não o cargo de CEO, você é o CEO de sua carreira.[25] Barbara Walters, apresentadora de televisão norte-americana, abordou a questão de uma maneira perspicaz quando disse à também apresentadora Joan Lunden no começo da carreira: "Pegue cada migalha que jogarem para você e trate-a com magnificência".[26]

Quando você se sente mal paga

Cheguei à conclusão de que quase todo o mundo, em algum ponto da carreira (talvez em muitos pontos!), sente que é mal remunerado. Houve vezes em que eu sabia que meu salário era flagrantemente baixo em relação ao mercado, embora minha escolha tenha sido permanecer no emprego por razões além da compensação financeira.

---

25. DUNCAN, Todd. *Time Traps*. Nashville: Nelson, 2004. p. 89.

26. Barbara Walters, citada por FRIPP, Patricia. *You Never Know Where Your Next Big Break Is Coming From!* Disponível em: <http://www.fripp.com/art.bigbreak.html>. Acesso em: 18/8/2008.

Escolha é a palavra-chave para enfrentar os períodos em que você acredita que é mal remunerada. Lembre-se sempre de que você de fato tem uma escolha. Você pode procurar outro emprego, arranjar uma segunda ocupação, lutar para ocupar uma posição mais alta em seu emprego atual ou negociar um aumento de salário.

É claro que eu não conheço todos os obstáculos e dificuldades que você enfrenta, mas se parar um minuto para pensar, é bastante provável que você descubra maneiras de aumentar sua remuneração ou de valorizar seu trabalho além do dinheiro, enquanto busca algo mais.

Como nos casos da falta de reconhecimento e da subutilização, quando se sentir mal paga, o segredo é criar oportunidades, em vez de pensar que os que se encontram acima de você têm o controle de suas finanças.

Todas as pessoas que já trabalharam para uma organização sem fins lucrativos podem lhe assegurar que nesse setor ninguém fica rico. Nesse caso, desenvolver uma visão vale mais do que uma recompensa financeira. Aprendi essa lição durante os dez anos pelos quais trabalhei para minha universidade. A certa altura, comecei a lembrar a mim mesma de que eu podia fazer uma escolha. Assim, passei a me sentir mais contente com meu salário, ao mesmo tempo que preparava algumas estratégias que aumentariam minha renda.

Quando se sentir mal paga, o segredo é criar oportunidades, em vez de pensar que os que se encontram acima de você têm o controle de suas finanças.

Enquanto ganhar menos do que gostaria ou mereceria, você pode desenvolver suas competências, conexões e oportunidades, que, em última instância, poderão levar a uma remuneração melhor. Enquanto eu estava na universidade, comecei a criar ferramentas e modelos para usar com minha pequena equipe. Esse instrumental agora faz parte dos programas de liderança que ministro pelos Estados Unidos.

Veja a seguir algumas estratégias práticas para enfrentar os períodos em que você sentir que está sendo mal remunerada:

Mantenha-se informada. Pesquise o mercado de trabalho (pela internet ou por meio de publicações de sua área) para saber qual é o salário pago para seu cargo e para alguém com sua formação e experiência. Essas informações irão ajudá-la a ser mais realista em relação à sua atual situação.

Converse com outros profissionais. Identifique as pessoas que ocupam posições equiparáveis à sua ou em organizações similares, com o objetivo de avaliar se sua situação financeira é tão terrível quanto você pensa.

Admita que você tem escolhas. Pense no que você poderia fazer para gerar a renda de que precisa ou que deseja. Além do aumento de salário, existem outras maneiras de complementar seus rendimentos? Esses novos complementos poderiam melhorar seu trabalho em vez de apenas render mais dinheiro? Quanto mais conectada for sua vida profissional, mais valorizadas e coordenadas se tornarão suas competências e redes de relacionamento.

Considere o que você ganha. Concentre-se na construção de seu valor pessoal, o que inclui desenvolver suas competências, ampliar seu currículo e suas relações e se informar sobre a área em que você atua. Lembre-se de que todos esses aspectos são essenciais para fortalecer seu valor econômico e seu poder de negociação.

Sinta-se satisfeita por enquanto. Depois de fazer sua pesquisa, analisar suas opções e começar a ampliar sua perspectiva, sinta-se satisfeita e aceite o lugar em que está no momento como uma oportunidade única de aprendizado. Se você resolveu permanecer em sua situação atual por mais algum tempo, aproveite-a ao máximo. Essa aceitação fará maravilhas por sua atitude e sensação de poder.

Seja positiva. Seja grata por poder se sustentar e concentre-se nas coisas positivas que consegue conquistar nesse momento. Muitas vezes, recorro a uma lista de tudo o que prezo em meu trabalho, mesmo pequenas coisas como poder me vestir bem para trabalhar, ou as pessoas interessantes que conheço, ou ainda o treinamento que recebo financiado por minha empresa. Em geral, a lista é bem maior do que eu podia imaginar e ajuda a me manter positiva e grata por tudo o que estou recebendo além do salário.

O que os líderes devem fazer

No capítulo 7, discuto as ferramentas e estratégias da liderança de maneira mais abrangente; porém, é oportuno abordar agora algumas iniciativas simples que os líderes podem tomar em relação ao reconhecimento, utilização e remuneração de seus funcionários. Minhas decepções ao longo dos anos me estimularam a desenvolver esses aspectos com as equipes que lidero.

Assim, faço questão de conhecer e compreender todas as pessoas de minha equipe, respeitando o propósito e a paixão pessoal de cada uma, a ponto de promover encontros regulares para o desenvolvimento da equipe, nos quais nos concentramos em seus interesses e sonhos. É impressionante ver quanta motivação, confiança e lealdade é desenvolvida entre todos quando você reconhece o que se passa no coração dessas pessoas, ajuda-as a traçar um plano para alinhar suas atividades atuais com seus propósitos mais amplos de vida e as estimula a caminhar em direção a seus sonhos.

Uma empresa que mantém um programa similar é a McKinney, importante agência de publicidade sediada em Durham, na Carolina do Norte, cuja lista de clientes inclui Audi, Travelocity e Nasdaq Stock Market. O CEO pede a cada funcionário que escreva como é o trabalho que sonha realizar no ano seguinte. Então, ele espera que cada líder ajude a desenvolver um ambiente em que esse trabalho possa ser realizado. Mckinney, que em 2005 entrevistou 4.580 indivíduos (pessoalmente) para preencher 134 vagas, sabe como é importante criar carreiras que se transformem em empregos nos quais as melhores pessoas desejem estar.

Se você não puder pagar bons salários, pode pelo menos oferecer alguma coisa que não custa quase nada – reconhecimento, afirmação e opções para as pessoas utilizarem de modo amplo toda sua gama de qualificações. Tudo isso custa muito pouco, mas rende enormes dividendos no final, incluindo a satisfação e a alegria inegáveis de ser um líder que investe no desenvolvimento das pessoas.

A seguir, veja algumas sugestões para você, como líder, fazer essa diferença:

Relacione quem está na sua equipe e registre suas atividades recentes. Elabore uma lista com os nomes de seus subordinados diretos (se for um número grande, comece apenas com alguns). Então, identifique três aspectos que você aprecia em cada uma dessas pessoas, bem como uma forma específica para transmitir isso a cada uma delas (por exemplo, deixar uma mensagem de voz no celular, enviar um *e-mail*, escrever uma nota pessoal, detê-los no corredor para dizer-lhes, comentar o assunto em uma reunião de equipe). Faça o que lhe parecer melhor e não tenha receio de tentar coisas diferentes.

Escolha a maneira como você pode reconhecê-los. Qual resultado ou atividade eles realizaram recentemente que valeriam a pena ser reconhecidos ou receber algum tipo de recompensa? Anote o que você fará para reconhecê-los e/ou recompensá-los. Aqui também vale lançar mão da criatividade.

Reavalie sua política de remuneração. Seus funcionários deveriam ganhar mais? Faça uma pesquisa de cargos e salários. Se puder, trabalhe para equiparar os salários de sua equipe aos do mercado ou, no mínimo, diga que você está informado da situação e que fará o possível para melhorá-la.

Faça reuniões para ouvir. Organize encontros individuais regulares com cada pessoa de sua equipe para falar de assuntos além do trabalho. Faça perguntas e ouça; observe o que faz os olhos delas brilharem mais forte. Esse é um bom método para descobrir o que de fato as motiva. Mesmo que não consiga fazer uma diferença considerável no momento, só o fato de você perguntar e ouvir irá aprofundar a confiança e o respeito que sentem por você.

Não existem milagres na liderança, e cabe a cada indivíduo que você lidera encontrar um lugar de satisfação e recompensa. Ao mesmo tempo, os líderes sempre devem procurar responder às perguntas cruciais de seus funcionários.

Para a terapeuta Mary Bellofatto, existem três perguntas básicas que as pessoas fazem, independentemente de cargo ou posição:

1. *As pessoas me vêem?* Não me veja pelo que tenho ou por meus títulos; olhe para além das aparências e veja a minha alma.
2. *As pessoas me ouvem?* Em um mundo que ninguém ouve mais, preciso ser ouvido.
3. *As pessoas me aprovam?* Diga-me que sou aceitável e reconheça-me por meus esforços.[27]

27. Mary Bellofatto, entrevista com a autora, abril de 2006.

Seja por nós mesmos ou por aqueles que lideramos, o gesto de valorizar, reconhecer e recompensar aqueles que estão ao nosso redor é o que torna a liderança tão gratificante. No início, esse gesto pode parecer apenas mais um item em uma lista de tarefas que raramente são feitas. Entretanto, quando priorizamos a atitude de servir aqueles que lideramos, os dividendos logo aparecem na forma de maior dedicação, menor resistência, menos demissões e um astral mais alto de toda a equipe. Em troca, essas melhorias tornam nosso trabalho como líderes mais recompensador.

O gesto de valorizar, reconhecer e recompensar aqueles que estão ao nosso redor é o que torna a liderança tão gratificante.

Já no século XVIII, o filósofo francês Voltaire afirmava: "O reconhecimento é uma coisa maravilhosa, pois faz o que é excelente nos outros pertencer a nós também".

4 É para isso que estou trabalhando? Deve existir alguma coisa mais!

> *Sei como é estar enfraquecida e passar por isso sem saber que tudo está prestes a mudar. Está aí a questão crucial. Eu não conseguia enxergar nenhuma luz no fim do túnel.*
>
> *J. K. Rowling*
>
> *Autora dos livros da série Harry Potter*

Enquanto passeio pela livraria do aeroporto, como faço duas vezes por semana, olhando as lindas capas das revistas de decoração e de moda, sinto uma leve ponta de culpa. Penso: *Eu deveria estar aproveitando este tempo para ler o* Wall Street Journal *ou o último número da* Fortune. Então, arrasto minha mala até a seção de negócios.

Uma ou outra publicação parece-me interessante, mas logo me deixo atrair novamente pelo deslumbramento das revistas femininas. O que seria mais agradável ler nesta viagem? Alguma coisa sobre moda? Culinária? Decoração? Todos esses temas me atraem mais do que as tendências do mercado de ações e os meandros do mundo corporativo. Por fim, para evitar o sentimento de culpa, compro uma de cada e sigo para o portão de embarque.

O dilema diante da seção de revistas ilustra um desafio com o qual tenho me confrontado durante os últimos vinte anos. É o mesmo desafio que muitas mulheres também enfrentam: desejar que nossa vida profissional fosse tão fascinante para nós quanto são nossos *hobbies* e sonhos.

As mulheres que adoram seu trabalho costumam ficar até altas horas da madrugada escrevendo *e-mails* e lendo artigos ou relatórios sobre a profissão que escolheram. Porém, isso não acontece comigo a maior parte do tempo. Ao contrário, depois do trabalho, gosto de falar ao telefone com amigas como Leslie, que nunca se casou e tem 45 anos. Ela me diz, enquanto caminha pela Quinta Avenida, em Nova York, até seu elegante apartamento: "As pessoas pensam que eu sou tão informada e dedicada ao que faço porque trabalho para Donald Trump, mas honestamente eu trocaria tudo isso pelo prazer de cuidar de um marido e de filhos".

Talvez não desejemos uma vida igual a *Leave It to Beaver*,* mas parece que todas aspiramos a algo mais do que o trabalho é capaz de nos dar. Um artigo publicado no jornal *The New York Times* trata dessa questão. As jovens estudantes de faculdades de elite nos Estados Unidos, quando questionadas sobre suas aspirações profissionais, afirmaram ter uma grande preferência por casar e ter filhos, se não de imediato, pelo menos no futuro, bem como uma forte disposição de não sacrificar esses sonhos em troca de uma carreira.[28]

Nem todas nós esperamos por um marido e por filhos, mas é possível que compartilhemos um sentimento comum – uma questão perturbadora – que hesitamos em admitir ou enfrentar.

É só isso o que realmente existe?

---

* Série de televisão sobre uma família norte-americana idealizada das décadas de 1950 e 1960. (N.T.)

28. STORY, Louise. Many women at elite colleges set career path to motherhood. *The New York Times*, 20 Set. 2005.

Por um lado, temos essa questão; por outro, surge um dilema que parece também relacionado a nosso desejo de realização plena a longo prazo.

Quanto tempo devo esperar?

Em uma ocasião, durante a sessão de abertura de uma conferência em Nova York, dei uma palestra para quinhentas mulheres vindas de toda parte dos Estados Unidos.

"Todas as pessoas presentes neste auditório estão esperando por alguma coisa", comecei. Em seguida, relacionei algumas aspirações das mulheres, como as seguintes:

- o relacionamento dos nossos sonhos;
- um corpo belo e saudável;
- uma reserva financeira;
- uma decisão importante ou uma orientação durante um período de provações ou dificuldades;
- gravidez e filhos;
- o retorno de um filho pródigo;
- a recuperação do casamento.

Compartilhamos um sentimento comum —
uma questão perturbadora — que hesitamos em
admitir ou enfrentar.
É só isso o que realmente existe?

Por todo o auditório, vi as cabeças acenando afirmativamente; as pessoas com certeza pensavam nos desejos que ainda precisavam realizar.

O desafio: eu ainda espero por mais

Mesmo quando parece que possuímos muito, muitas mulheres ainda estão à espera de mais alguma coisa.

Esperar não é uma das minhas melhores capacidades, devo admitir. Sou uma pessoa impaciente e acredito que esperar é uma verdadeira perda de tempo. Costumo escolher as filas mais curtas no supermercado e fico frustrada quando elas acabam demorando mais do que as outras.

Já mencionei no capítulo anterior como foi difícil, para mim, esperar aqueles oito anos por uma prometida promoção, um aumento de salário e um justo reconhecimento. Durante todo aquele período, reclamei e me aborreci muitas vezes, convencida de que aquela espera aparentemente interminável era um enorme desperdício do meu precioso tempo.

Essa minha inclinação pode ter sido exacerbada pelo fato de eu viver na sociedade norte-americana, na qual esperar, em geral, não é uma coisa estimulante nem recompensada. Pense nos seguintes casos:

- Espere por mais de trinta minutos por uma *pizza* e você não terá de pagar por ela.
- Não espere até ter dinheiro; compre agora e pague em seis vezes sem juros.
- Deseja ver suas fotos logo? Podemos revelá-las em uma hora.
- Deseja receber sua compra *on-line* mais rápido? Pague uma pequena taxa e receba em sua casa amanhã.

- Quer emagrecer mais depressa? Tome essas pílulas e veja os resultados em um mês.

Computadores de mão, *sites* de busca e telefones celulares nos ensinaram que tudo o que queremos é eliminar algum esforço. Estamos acostumadas a questões prontas e a respostas instantâneas.

Infelizmente, essa mensagem subliminar, mas persistente, não nos faz bem e pode levar a uma sensação de constante descontentamento. Assim, nós nos tornamos insatisfeitas com o que temos e preferimos não esperar para fazer as coisas ficarem melhores. Queremos que nossa vida seja melhor, mais realizada e mais adequada para nós neste exato momento.

Entretanto, a verdade é que algumas coisas são melhores quando esperamos.

Vamos supor que você resolva ter um filho e que, apenas uma semana após a concepção, o seu bebê venha ao mundo. Nada de nove meses de gestação. Nada de chá-de-bebê e de comprar enxoval, isso sem falar no choque que seria para seu corpo. Quantas estrias dolorosas na pele!

Muitas mulheres conhecem o sofrimento que resulta de promover uma mudança ou tomar atitude antes de realmente sermos capazes de sustentá-la. Tomemos como exemplo os cartões de crédito que, embora sejam uma conveniência muito útil, estão gerando enormes pressões financeiras para as pessoas. O Serviço de Consulta de Crédito dos Estados Unidos calcula que 20% dos norte-americanos atingiram o limite de seus cartões, e, em média, o débito do cartão de crédito é de 8.400 dólares por domicílio.[29]

---

29. CONSUMER Credit Counseling Service. *Credit Counseling Statistics: You Are Not Alone!*, 2005. Disponível em: <http://www.creditcounselingbiz.com/credit_counseling_statistics.htm>. Acesso em: 19/8/2008.

No Brasil não é diferente: o volume de pagamentos com cartão de crédito alcançou 12,9% do consumo das famílias no primeiro semestre de 2008, segundo a pesquisa "A Evolução do Cartão no Acesso ao Crédito", desenvolvida pela Itaucard.[*] Com isso, cresce também o índice de endividamento e inadimplência entre os brasileiros. Segundo uma pesquisa realizada pela Serasa, empresa de análise e informações de crédito, de janeiro a junho de 2008 a taxa de inadimplência subiu 6,1% na comparação com os seis primeiros meses de 2007.[**]

Muitas vezes, esperar é um tempo crucial de preparação e reavaliação. É uma chance de avaliar o nosso progresso até o momento e contemplar o que ainda está por vir.

Desejos não realizados

Em uma entrevista para Katie Couric alguns anos atrás, J. K. Rowling, autora dos livros da série *Harry Potter*, falou de sua vida antes de realizar seus sonhos. Mãe e sozinha, ela vivia de uma pensão do serviço social e escrevia em uma lanchonete enquanto sua filha dormia no carrinho. À época da entrevista com Couric, cinco anos e cinco livros mais tarde, ela havia se casado novamente, dado à luz a um menino e arrebatado uma fortuna estimada em 500 milhões de dólares. "Sei como é estar enfraquecida", explicou ela, "e passar por

---

* Cartões de crédito respondem por 12,9% do consumo país, aponta pesquisa. *Folha Online*, 23 jul. 2008. Disponível em: <http://www1.folha.uol.com.br/folha/dinheiro/ult91u425377.shtml>. Acesso em: 4/8/2008. (N.E.)

** Inadimplência cresce 6,1% no primeiro semestre, aponta Serasa. *Folha Online,* 23 jul. 2008. Disponível em: http://www1.folha.uol.com.br/folha/dinheiro/ult91u423328.shtml. Acesso em: 4/8/2008. (N.E.)

isso sem saber que tudo está prestes a mudar. Está aí a questão crucial. Eu não conseguia enxergar nenhuma luz no fim do túnel".[30]

Em toda minha vida, não houve uma luz mais sombria do que durante a longa, não planejada e não desejada espera por me casar e ter uma família.

Muitas mulheres que conheço falam desse desejo particular como aquele que parece demorar mais para acontecer, bem mais do que gostariam ou acreditariam que iria. Uma pesquisa realizada com 36 mil mulheres e homens solteiros revelou que mais de 84% daqueles com 31 anos de idade ou mais estão prontos para se comprometer com um novo relacionamento.[31] Contudo, há aqueles – cerca de 52% – cujo casamento não dura.[32] Por essa razão, muitos ficam mais desanimados do que quando eram solteiros.

Desde quando posso me lembrar, mais do que qualquer outra coisa na vida, eu desejei me casar e constituir uma família. Ainda menina, expressava esses sonhos brincando de "mundo da Barbie", que minha irmã e eu criamos no porão. A minha boneca Barbie era loura como eu, e a de Brenda era morena como ela. Nossos bonecos Ken, o namorado da Barbie, eram exatamente iguais, por isso, inventamos que eles eram gêmeos idênticos, casados com irmãs gêmeas não idênticas, e cada casal tinha uma filha: a bonequinha Skipper (que na verdade era irmã da Barbie) para mim e a bonequinha amiga de Skipper para Brenda. E assim brincávamos por horas, criando histórias para suas vidas, imaginando nossas vidas futuras cheias de felicidade.

---

30. J. K. Rowling, entrevista com Katie Couric, MSNBC, 8 Dez. 2003. Disponível em: <http://www.msnbc.msn.com/id/3080035/>. Acesso em: 19/8/2008.

31. MORE than 70% of singles ready to commit. *Online Dating Magazine*, 1 Abr. 2004. Disponível em: <http://www.onlinedatingmagazine.com/news2004/readytocommit.html>. Acesso em: 19/8/2008.

32. National Center for Health Statistics, citado por AMERICANS for Divorce Reform. *Divorce Rates*. Disponível em: <http://www.divorcereform.org/rates.html>. Acesso em: 19/8/2008.

Eu não namorei muito no colégio. Eu queria, mas nunca era cortejada. Não fui a nenhum baile da minha escola, mas fui a um em outra escola com um amigo. Nosso retrato naquela noite tristemente capturou minha sorte com os homens na época: nós dois com um sorriso sem graça, os braços dele desajeitadamente em volta dos meus, e os olhos dele fechados por completo!

Aquela imagem retratou muito bem a minha adolescência. Todo rapaz pelo qual eu me interessava não me via. Minha mãe, uma mulher de grande fé, que sempre me estimulou, dizia que era porque Deus estava me protegendo de situações ruins colocando um véu sobre os olhos deles, para evitar que abusassem de mim ou que eu cometesse erros irreparáveis. Minha mente queria acreditar em tudo isso, mas meu coração desejava se apaixonar.

Muitas mulheres expressam anseios semelhantes e suportam longos e difíceis períodos de espera pelo casamento e por outros sonhos. Minha amiga Cheryl Cutlip, dançarina e coreógrafa da casa de espetáculos Radio City, de Nova York, jamais imaginou que sua espera fosse tão sofrida como foi. Ela e eu conversamos sobre sua história durante um almoço.

> Fui dançarina por doze anos e estava crescendo na profissão. Durante essa época, eu me casei e, após alguns anos, engravidei. Nosso filho Stuart nasceu prematuro no sexto mês de gravidez por causa de um problema físico que eu não sabia que tinha. Três dias depois, ele morreu.
>
> Precisei fazer uma cesariana de emergência e me perguntava se conseguiria dançar outra vez. Foi muito doloroso ter a aparência de uma mulher que acabou de ter filho, porém sem ter nenhum bebê em meus braços. Também foi um sofrimento espiritual. Havíamos rezado por aquele filho todos os dias. Assim, restabelecer-me emocional e espiritualmente dessa perda foi um processo árduo.

> Para mim, dançar é uma alegria e uma dádiva que vêm do fundo do coração. Levei muito tempo para me recuperar, e essa longa fase de estar profissionalmente fora de sincronia foi um grande desafio.[33]

Compreendo muito bem a história de sofrimento de Cheryl. A espera pela realização de meus sonhos já aos 40 e poucos anos de idade me levou muitas vezes a travar uma batalha entre a esperança e o desespero, enquanto me questionava como essa espera poderia ser uma forma de preparação. Foi um desafio celebrar a felicidade de quase todas as minhas amigas que conseguiram realizar os sonhos do *meu* coração. Vi minha irmã se casar e ter seu bebê. Eu me sentia cada vez mais sozinha, enquanto as opções viáveis de marido diminuíam a cada ano que passava.

Essa minha espera, como a de muitas outras pessoas, estimulou-me a procurar respostas para um dilema aparentemente universal, que é permanecer desejando algo que ainda não temos.

Em minha conversa com Westina Matthews, executiva da corretora de investimentos e serviços financeiros Merrill Lynch, ela falou sobre o que aprendeu durante tempos de grande desesperança e desalento. É uma grande lição para todas nós.

> Sei o que é ter um casamento sem amor, o que é não ter dinheiro e não saber como pagar o aluguel ou colocar comida na mesa. Usei meias nas mãos como se fossem luvas quando fazia muito frio em Chicago. Ao me lembrar dessa época, contudo, também me lembro de que eu consegui superá-la. "Sim, apesar de tudo, eu *atravessei* o vale da sombra da morte", como diz o salmo 23. Todas as manhãs eu me levanto e agradeço a Deus por mais um dia. Tenho a convicção

33. Cheryl Cutlip, entrevista com a autora, abril de 2006.

de que estou um dia mais perto da resolução, o lugar que está a mim destinado.[34]

O ciclo do descontentamento

Nunca esquecerei uma vez em que essa luta por contentamento e resolução foi travada diante de meus olhos. Era a hora do almoço e eu chegava ao *shopping* apressada, usando *tailleur*, meia-calça e escarpins de salto alto. Quando me aproximei da porta, uma jovem bonita, que se vestia informalmente e empurrava o carrinho de seu filho de 2 anos, também se aproximava da mesma entrada.

Ela tem a vida que eu quero, pensei. *Como deve ser bom não ter de usar sapatos apertados e meia-calça em pleno verão, sem pressa de voltar para o trabalho em apenas uma hora, desfrutando a alegria e a realização de criar o seu pequeno.*

Nesse momento, a jovem mãe fez um comentário que me fez despertar de meus pensamentos. "Oh, como você está bonita!", disse ela de modo gentil. "Como deve ser bom se vestir assim para trabalhar e ter um emprego de verdade".

Quis pegar sua mão e contar-lhe o que estava pensando a seu respeito. *Eu quero a sua vida e você quer a minha!* A verdade era que nós duas possuíamos coisas boas, mas ao olharmos para o quintal da vizinha, nós duas vimos uma grama mais verde do que a nossa.

Alguns anos mais tarde, a cena se repetiu, agora com minha amiga Jennifer, enquanto passeávamos em sua *van* em um sábado à tarde. Tínhamos acabado de visitar sua casa lindamente decorada, onde ela morava com o marido, Mark, e seus cinco filhos. Então, ela me disse: "Lynette, você tem a vida que eu sempre quis para mim. Eu sonhava em ter uma profissão e trabalhar por muitos anos, talvez

34. Westina Matthews Shateen, entrevista com a autora, abril de 2006.

morar em uma grande cidade, correr atrás dos meus sonhos. Em vez disso, conheci Mark logo cedo e mergulhei por completo em sua vida e em criar nossos filhos".

Nesse ponto, confessei: "E eu sempre quis a sua vida, Jennifer. No entanto, ainda estou aqui esperando um marido e meus filhos". Rimos. Então, perguntei-lhe: "Quer saber a moral dessa história?". Aí eu lhe contei a conclusão a que cheguei depois do caso do *shopping*.

Uma das tentações mais comuns com que as mulheres se defrontam é a falta de contentamento. De fato, se você conhece a história de Adão e Eva, sabe que foi essa tentação que a serpente usou com Eva. No jardim do Éden, em perfeita harmonia com seu marido e todas as criaturas sobre a terra, ela quis a única coisa que não possuía.

As mulheres são, por natureza, "reparadoras", por isso nos concentramos incessantemente em "consertar" nossa espera. Acreditamos na mentira de que se tivéssemos aquela coisa pela qual esperamos, tudo no mundo seria melhor. No entanto, como sempre existe algo mais que podemos desejar, o ciclo do descontentamento é infindável:

- Somos solteiras e queremos um marido.
- Somos casadas e queremos um filho.
- Temos filhos e, então, mal podemos esperar até que cresçam para que possamos ter mais tempo para nós mesmas.
- Ficamos em casa para cuidar de nossos filhos e nos falta uma vida profissional.
- Optamos pelo trabalho e nos sentimos culpadas por não estarmos em casa cuidando de nossos filhos.
- No trabalho, desejamos ter mais tempo livre e a liberdade de perseguir nossos maiores sonhos.
- Nossos maiores sonhos se realizam, e ansiamos pelos bons e velhos tempos em que não tínhamos nada para fazer.

As mulheres são, por natureza, "reparadoras", por isso nos concentramos incessantemente em "consertar" nossa espera. Acreditamos na mentira de que se tivéssemos aquela coisa pela qual esperamos, tudo no mundo seria melhor.

O contentamento duradouro é uma condição que escapa a todas as mulheres que conheço. Se você encontrar uma mulher contente com a vida, pare e ouça sua história. Aposto que ela colocou em prática algumas das seguintes estratégias que eu descobri ao perceber que o descontentamento havia se tornado uma companhia constante e indesejada.

A estratégia: descubra suas dádivas em lugares inesperados

Se você se sente insatisfeita com sua vida, desejando alguma coisa mais, com certeza não é a única. Centenas de mulheres com as quais tenho trabalhado ao longo desses anos, muitas delas extremamente bem-sucedidas na profissão, falam de seus "outros sonhos." Com isso, elas querem dizer que seus desejos mais profundos ainda não foram realizados.

Se aprendi um segredo para manter a alegria e a satisfação durante a espera, é o seguinte: em algum lugar de nossa vida, às vezes encobertas pela falta de compreensão e perspectiva, existem dádivas apenas esperando para serem descobertas. Muitas vezes, elas estão ali, bem diante de nossos olhos.

- Leo Gerstenzang pensou nos cotonetes quando viu sua mulher tentando limpar os ouvidos de seu bebê com palitos e algodão.
- Ott Diffenbach inventou o canudo de refrigerante quando enrolou o papel de um maço de cigarros e viu que havia criado um tubo.
- Charles Strite estava irritado com sua torrada queimada no refeitório da fábrica quando imaginou a torradeira.[35]
- Spencer Silver descobriu o adesivo temporário Post-it enquanto pesquisava uma cola que fosse forte e permanente.[36]

Às vezes, as dádivas aparecem em lugares insuspeitados. Assim, encontraríamos muitas mais, acredito, se procurássemos por elas.

Nossas lutas e nossos anseios, se fossem vistos como uma forma de preparação, em vez de um veículo de amargura, trariam esperança, paciência e inspiração para nossa vida. O sobrevivente do Holocausto Viktor Frankl expressou muito bem a questão ao escrever: "O que é para dar luz deve continuar queimando".

Quando celebramos o que possuímos agora, nosso coração se torna mais capaz de sentir e experimentar mais a vida, com todos os seus diferentes desafios, e de descobrir a esperança quando as possibilidades parecem muito distantes.

Nossas lutas e nossos anseios, se fossem vistos como uma forma de preparação, em vez de

35. EKEREN, Glenn van. *Speaker's Sourcebook II*. Nova York: Penguin, 1994. p. 207.
36. POST-IT NOTE. Wikipedia, the Free Encyclopedia. Disponível em: <http://en.wikipedia.org/w/index.php?title=Post-it_note&oldid=51624722>. Acesso em: 19/8/2008.

um veículo de amargura, trariam esperança, paciência e inspiração para nossa vida.

Celebrar o processo significa mudar nosso foco dos sonhos ainda não realizados para todos os motivos de agradecimento. Às vezes, nos momentos mais difíceis, eu relacionava todos os motivos que eu tinha para ser feliz. Coisas como viver em um país livre, a oportunidade de ser educada, pais que foram casados por 49 anos, saúde física e emocional, amizades profundas e sinceras, minha fé, ótimos livros para ler e a própria capacidade de ler. E há muito mais. Praticar a gratidão é um exercício simples, mas também uma arma poderosa contra inimigos como o desânimo, a autocompaixão e a desesperança, aos quais todas nós sucumbimos às vezes.

Celebrar o processo também significa que escolhemos desfrutar os aspectos positivos da fase de nossa vida na qual nos encontramos, tanto pessoal como profissionalmente. Como uma mulher solteira, eu tinha a liberdade de gastar e investir meu dinheiro onde bem entendesse. Podia tirar férias com uma amiga, comer nos restaurantes mais finos de Nova York, assistir sempre aos espetáculos da Broadway e fazer o que quisesse sem pedir a permissão de ninguém. Eu não precisava cozinhar para uma família e, às vezes, eu podia jogar um prato pronto no microondas ou pedir comida fora, sem ninguém para reclamar dessas opções.

Valorizar aspectos da nossa vida presente é uma estratégia essencial durante os períodos de frustração, desânimo ou impaciência em relação aos desejos e sonhos irrealizados. A luta para permanecer alegre e satisfeita é, em especial, uma luta da mente. Cheguei à conclusão de que existem certas maneiras de pensar que devemos desenvolver continuamente e outras que precisamos aprender a evitar. Trata-se do que chamo de luta ininterrupta entre as escolhas que fazemos a favor da vida e contra a vida, e que se aplica a muitas áreas de nossa existência.

Sob essas duas categorias, classifique seus pensamentos, as pessoas que você conhece, os alimentos que consome, as palavras que diz. Eles são a favor de sua vida ou contra ela? Vejamos alguns exemplos:

A Favor da Vida	**Contra a Vida**
Cultivar relacionamentos	Preferir ficar isolada
Permanecer ativa	Tornar-se ociosa
Comer alimentos saudáveis	Comer alimentos não saudáveis
Ser positiva	Reclamar
Estimular os outros	Fazer fofoca

Durante os árduos períodos de espera, é especialmente importante fazermos opções que sejam a favor da vida. Por exemplo, a maneira que encontrei de perder os dez quilos que havia engordado na universidade não foi fazer um regime, mas foi acrescentar alimentos saudáveis à minha dieta que, por sua vez, diminuíram minha fome por comidas que mantinham o meu excesso de peso.

Em vez de eliminar todos os alimentos ricos em gordura ou em carboidratos, passei a consumir pelo menos "cinco alimentos vivos" todos os dias. Isso quer dizer que incorporei alimentos "vivos" à minha dieta, tais como castanhas, nozes, iogurtes, sementes, frutas e legumes. À medida que me concentrei em consumir pelo menos cinco porções desses alimentos todos os dias, comecei a perder peso devagar. Por fim, havia reeducado meu paladar para preferir alimentos a favor da vida, um hábito que mantenho até hoje.

Entretanto, muitas mulheres tendem a fazer escolhas contra a vida. Isso está, de alguma forma, relacionado à natureza humana, que parece nos afastar das coisas que são boas. Como pessoas motivadas por um propósito de grandeza e as únicas governantes da nossa vida, não podemos simplesmente reagir aos acontecimentos. Ao contrário, devemos analisar nossas escolhas com muito cuidado, procurar compreender como elas afetam os resultados e, então, fazer novas escolhas a favor de nossa vida.

Quando fica difícil desistir de certas coisas, procuro acrescentar algum item a favor da vida. Em vez de abrir mão do meu queijo dinamarquês no café-da-manhã, acrescento uma banana ou uma tigela pequena de cereais ricos em fibras, os quais como primeiro. A sensação de saciedade que recebo desses alimentos a favor da vida me ajuda a recusar o queijo a maior parte das vezes.

No tempo de solteira, fui a inúmeros chás-de-panela e chás-de-bebê em que precisei lutar para não me sentir deslocada ou com pena de mim mesma. Nem sempre isso foi uma coisa fácil de conseguir, exigindo muita disciplina de minha mente. Em vez de me deixar tomar pela autocompaixão, preferia olhar as bênçãos de minhas amigas como um sinal de esperança para minha vida e de confiança de que tudo o que aconteceu com elas aconteceria comigo também.

Quanto mais eu agia dessa maneira, mais natural esse pensamento se tornava, por isso, em vez de acumular uma crescente amargura em meu coração, passei a me divertir em todas essas festas, compartilhando a alegria dos outros sem me lançar ao desespero e ao sofrimento.

Quando a sensação de ser rejeitada, preterida ou esquecida mostrar sua cara feia, escolha acreditar que existe um plano maior para sua vida que está em preparação. No final de cada dia, faça sua escolha – uma escolha para acreditar em vez de não acreditar, uma escolha para ter esperança em vez de acalentar a desesperança, uma escolha para esperar quando a espera parecer mais do que você pode suportar.

Nesses momentos (que têm sido muitos), escolhi acreditar. Tomei essa decisão porque, no final de minha vida, prefiro ser uma mulher que teve esperança, mesmo que os meus sonhos permaneçam irrealizados, a ser uma mulher que não lutou porque acreditou que tudo era muito complicado e assustador. Minha confiança reside em um plano em preparação, que se mostrará maior e mais poderoso no final. Por isso, escolhi acreditar.

Quanto mais eu praticava esse pensamento positivo, mais fácil era manter a esperança e, conseqüentemente, também a alegria e a satisfação durante a maior parte do tempo.

Denise Johnston, ex-presidente e diretora de *merchandising* da marca de perfumes Liz Claiborne e atual presidente da divisão de produtos para adultos da varejista de roupas Gap, colocou essa estratégia em prática com grande sucesso. Denise, que é solteira e mora em Nova York, vive uma das vidas mais satisfatórias e recompensadoras que conheço. Em nossa conversa, ela falou de seus segredos para construir uma vida rica e gratificante.

> Uma das coisas que mais adoro em tudo o que faço são as pessoas, começando pela universidade e passando por todos os empregos que tive. Seja quando enfrento dificuldades, seja nos tempos mais felizes, o que mais me importa é o amor de minha família e de meus amigos. Por mais que eu ame meu trabalho, ele não é o mais importante em minha vida. O que o trabalho tem me trazido ao longo dos anos é o amor das amizades.
>
> Eu me esforço demais para manter esse aspecto de minha vida. Reservo tempo para visitar minha amiga na Itália algumas vezes por ano, ou para ver minha melhor amiga em Minneapolis. Vamos esquiar ou ela vem para minha casa em Long Island. Com minha amiga

da Califórnia vou ao sul da França, ou a sua casa para passar finais de semana com ela e sua família. Tudo isso está ligado à minha paixão por viajar e ao fato de que faço isso a trabalho como uma forma de estar com meus amigos, aproveitando ao máximo todo meu tempo livre para trazer a vida de volta ao meu espírito.[37]

Como celebrar a vida durante uma fase de espera

Eis algumas de minhas maneiras preferidas de celebrar a vida durante as fases de espera. Experimente aplicá-las a sua vida.

Registre por que você é grata. Anote em um diário todas as coisas pelas quais você é grata neste momento. Descreva-as em detalhe; reflita sobre *por que* elas valem ser celebradas. Se tiver alguma dificuldade com isso, peça a uma amiga ou um familiar que relacione alguns itens para você. Então, agradeça por todas essas coisas. No dia seguinte, agradeça novamente!

Lembre-se de seus sonhos. A poetisa britânica Emily Dickinson disse certa vez: "Por não saber quando a aurora virá, abro todas as portas". Descreva todas as coisas pelas quais você espera e imagine as possibilidades. Ao mesmo tempo, procure ver sinais de esperança em tudo o que você já tem. Abra as portas de sua mente e de seu coração enquanto pensa em seus anseios.

Reconheça as vantagens. Pense nos aspectos positivos da fase da vida em que você se encontra neste momento. Por quais experiências você está passando que outras fases não possibilitariam? Que coisas está aprendendo com essas experiências que você poderá levar para

37. Denise Johnston, entrevista com a autora, abril de 2006.

a fase seguinte de sua vida? De que maneira você irá celebrar todas as vantagens da presente fase? Use sua criatividade. Se encontrar alguma dificuldade nesse ponto, peça a ajuda de outra pessoa.

Quando era solteira, viajei bastante a trabalho. De vez em quando, convidava minha mãe para me acompanhar, ou permanecia no meu destino durante o fim de semana para conhecer lugares interessantes com os amigos que ali moravam. Agora que sou casada, já não é tão fácil ou conveniente viajar a trabalho, e sou muito grata por ter tido a oportunidade de fazê-lo durante os anos de solteira para conhecer o mundo e cultivar tantas amizades valiosas.

Aprenda com os especialistas. Que livros existem sobre as experiências de vida pelas quais você passa agora? Descubra os autores cujas biografias são semelhantes à sua e aprenda com as histórias deles. Pense em como seria escrever *sua* história. Ao menos, anote algumas idéias sobre como as lições de sua história pessoal poderiam inspirar outras pessoas. Como você gostaria que elas se sentissem depois de lê-las? Enquanto se dedica a essa tarefa, lembre-se do que a ativista Marian Wright Edelman, fundadora do Fundo para a Defesa das Crianças, diz: "Não devemos, enquanto pensamos em como fazer uma grande diferença, ignorar as pequenas diferenças cotidianas que podemos fazer, e que, ao longo do tempo, constituem grandes diferenças que, muitas vezes, não podemos prever". Faça a diferença em sua vida agora mesmo; escreva os capítulos que valem a pena ler, mesmo enquanto você espera uma história mais gloriosa se desenrolar.

Registre suas lições de vida. Organize um arquivo intitulado "Lições de Minha Vida até Hoje". Regularmente, preencha-o com as lições que você aprendeu ou está aprendendo na presente fase de sua vida. Quando minha carreira como palestrante começou a se fortalecer, eu me surpreendia constantemente em ver como minhas histórias de luta e frustração, acompanhadas pela esperança que eu tinha, apesar de tudo, eram uma sincera inspiração para meu público. Assim, comecei a procurar com perseverança novos *insights* e lições em cada sucesso e em cada frustração.

Por que não criar nosso pacote pessoal de benefícios para assegurar que nossa vida realize todo seu potencial aqui e agora?

Minha amiga dançarina, Cheryl, e seu marido, Ron, persistiram e tiveram uma linda menina, Ava. Cheryl me contou que sua história de sofrimento e de fé tem ajudado muitas pessoas a também encontrar a esperança.[38] Ao vermos nossa jornada individual como uma luz para outras pessoas, podemos mais facilmente reconhecer as lições e as dádivas que recebemos.

O seu pacote pessoal de benefícios

Com o salário, os benefícios pessoais compreendem uma parte significativa da maioria dos pacotes de remuneração. Nos Estados Unidos, as "Empresas Mais Admiradas" da revista *Fortune* destacam-se por uma abordagem inovadora desses benefícios.[39] Creche, academia, conselheiro para assuntos pessoais, horários flexíveis de trabalho – esses são apenas alguns dos benefícios mais comuns oferecidos atualmente por essas empresas norte-americanas.

38. Cheryl Cutlip, entrevista com a autora, abril de 2006.

39. AMERICA'S Top Most Admired Companies. *Fortune*. 2006. Disponível em: <http://money.cnn.com/magazines/fortune/mostadmired/best_worst/>. Acesso em: 19/8/2008.

Porém, a verdade é que não precisamos depender de nossos empregadores para usufruir de benefícios. Por que não criar nosso pacote pessoal de benefícios para assegurar que nossa vida realize todo seu potencial aqui e agora? Aqui está uma maneira de conseguir isso.

Usando uma tabela como a que segue, em primeiro lugar escreva seu principal objetivo no alto da página. Em seguida, nas categorias indicadas na tabela (ou acrescente sua própria categoria), anote os benefícios que você pode usufruir ou crie novos. Essa tabela pode ser aplicada a qualquer fase da vida. Veja os exemplos abaixo e, então, crie sua tabela, adaptando-a à atual fase de sua vida. Em geral, esse exercício é muito esclarecedor.

Meu principal objetivo é: ____________________________.

Fase da vida em que me encontro	**Vantagens**	**Como maximizar as vantagens**
Solteira	Ter disponibilidade para viajar. Comer fora e só pagar por uma pessoa. Fazer meu horário.	Ficar na cidade para os finais de semana. Fazer um amigo na cidade. Reservar tempo para ir a um novo restaurante. Ir ao teatro ou a um show.
Trabalhando muitas e muitas horas	Incrementar meu currículo. Obter treinamento pela empresa. Conhecer pessoas interessantes no trabalho.	Registrar e descrever as contribuições pessoais, acrescentando-as ao currículo.

Fase da vida em que me encontro	Vantagens	Como maximizar as vantagens
		Atualizar minha agenda de nomes e endereços; selecionar clientes de interesse; procurar atraí-los para a minha rede de negócios (ou seja, pessoas para quem posso ligar no futuro).
Ninho vazio (filhos crescidos e independentes)	Ter tempo para aprender a jogar golfe. Cozinhar menos. Ter disponibilidade para viajar.	Realizar serviços à comunidade. Fazer trabalho voluntário, usando minha formação profissional em causas que defendo. Oferecer consultoria sobre projetos especiais de interesse. Ser mais ativa como conselheira; liderar uma comissão. Dar aulas em uma universidade local. Treinar para a maratona da cidade.

Fase da vida em que me encontro	Vantagens	Como maximizar as vantagens
Sem emprego	Ter tempo para explorar novas opções de carreira. Ter oportunidade para reatar antigos contatos.	Atualizar meu currículo. Retomar meu programa de exercícios. Ler alguns livros que instiguem novas idéias profissionais.

O que você está esperando?

Ao encerrar minha palestra para as quinhentas mulheres na conferência de Nova York naquele fim de semana, lancei uma pergunta ao auditório: "*O que* você está esperando?". Em seguida, fiz a mesma pergunta, dessa vez com uma entonação diferente: "O que você está *esperando*?".

Essa é a pergunta que faço a você também. Comece a viver agora. Não somente quando sua espera terminar e seus sonhos se realizarem. Não somente quando a situação melhorar e as coisas mudarem. Agora é a hora. Não deixe escapar nenhuma vantagem sequer da presente fase de sua vida; existem mais do que você possa imaginar. Transforme-se em uma pessoa que olha para cada fase do passado com gratidão, ao mesmo tempo que olha para o futuro à procura das dádivas por vir.

A ex-primeira-ministra britânica Margaret Thatcher capturou esse espírito muito bem, ao afirmar: "Reflita sobre o seu dia", explicou ela, "quando você chegar ao final dele plenamente satisfeita. Não será um dia de verdade se você passar por ele sem nada fazer; será um dia de verdade se você tiver tudo para fazer e tiver feito tudo".

Como a única mulher a ocupar o cargo de primeiro-ministro do Reino Unido e como a pessoa que mais tempo passou nessa função no século XX, Margaret Thatcher sabe alguma coisa sobre o sucesso. Se ela tivesse esperado por uma permissão ou para encontrar um modelo a seguir, talvez ela ainda estivesse esperando.

Mulheres corajosas como ela nos inspiram a avançar com determinação sem jamais perder de vista todas as dádivas que recebemos ao longo do caminho. Suas vidas nos desafiam a ser gratas por toda pequena dádiva, incluindo aquelas que não escolhemos ou que não percebemos de que precisávamos. Gosto de um provérbio da Estônia que resume bem essa questão: "Quem não agradece pelo pouco, não agradecerá pelo muito".

Agradeça agora e você terá muito mais para agradecer no futuro. O que você está esperando?

Sou desvalorizada, não reconhecida e mal paga!

5

Aconselho as pessoas que não se sentem estimuladas e satisfeitas com seu emprego a, em primeiro lugar e acima de tudo, continuar a fazer um excelente trabalho... Uma vez, eu trabalhava para uma pessoa que não me suportava, por isso, encontrei uma maneira de sair de sua equipe. Três anos depois, eu me vi trabalhando novamente para ela.

Joyce Roche
CEO e presidente da Girls Inc.

Promoção não é algo em que pensamos quando somos jovens. Nessa fase da vida, em geral vivemos a experiência da promoção sem fazer muito esforço. Se completamos o básico e cumprimos as regras, somos promovidas – do jardim da infância para o ensino fundamental, depois deste para o ensino médio e, então, para a faculdade, se essa for a nossa escolha.

Quando começamos uma carreira, é natural esperarmos que as promoções aconteçam dessa mesma maneira. Muitas pessoas, as mulheres em particular, acreditam que fazem o que se espera delas, ou seja, são aprovadas em testes, seguem as regras e parecem progredir muito bem. Quando uma promoção não acontece, muitas vezes ficamos frustradas ou abaladas.

Mas, vejamos, subir as famosas escadas do sucesso não é tão complicado quanto possa parecer. Não exige necessariamente trabalhar para uma empresa perfeita nem para o chefe ideal, nem vangloriar-se, nem passar por cima de ninguém para alcançar o próximo degrau. Entretanto, requer mais do que estamos acostumadas a fazer na escola.

A promoção exige visão das possibilidades e uma certa criatividade, dirigida a algumas estratégias e atitudes proativas. Vejamos essa questão em detalhes a seguir.

O desafio: preciso criar maiores e melhores oportunidades

O que realmente devemos fazer para escalar rumo ao sucesso e à satisfação? Somos nós que devemos dar cada passo ou alguém precisa nos empurrar escada acima? Permita-me oferecer-lhe os seguintes diagramas que ilustram duas formas de abordar a questão da promoção profissional.

O primeiro diagrama mostra o típico "ciclo da satisfação", pelo qual a maioria das pessoas passa à medida que muda de emprego ao longo de toda a sua carreira.

Muitas pessoas ficam presas nessa montanha-russa sem fim das altas expectativas e das profundas decepções. Toda lua-de-mel termina um dia, e nós nos vemos presas em uma rotina diária de trabalho estafante e nos perguntando se não haveria uma coisa melhor em outro lugar.

A trabalhadora média norte-americana terá doze mudanças de emprego ao longo de sua vida profissional, e essas transições ocor-

Ponto alto – Vive um período dc "namoro" durante o processo de entrevista; recebe a promessa de muitos benefícios; os melhores atributos da empresa são enfatizados; todos são simpáticos; é um período de "lua-de-mel".

Ponto baixo – O estresse do dia-a-dia é real; fica desapontada, pois as coisas não são tão boas como prometido; as pessoas saem; o chefe muda; a promoção demora. "Este é mesmo o meu lugar?", pergunta-se.

Ponto alto de novo – Assume um novo emprego com uma expectativa um pouco mais realista dessa vez, mas convencida de que essa colocação é muito melhor do que a anterior.

Ponto baixo de novo – A posição se torna ultrapassada; anseia por maior satisfação; o crescimento parece limitado; sente pressão para ganhar mais dinheiro.

O ciclo continua a se repetir...

O segundo diagrama oferece uma imagem mais ideal de como nossa carreira deveria ser.

Ponto alto – Vive um período de "namoro" durante o processo de entrevista; recebe a promessa de muitos benefícios; os melhores atributos da empresa enfatizados; todos são simpáticos, é um período de "lua-de-mel".

Ponto mais alto – Deixa a posição para uma nova oportunidade (ou uma nova posição) quando está convencida de que aproveitou muito bem tudo o que a empresa ou a posição oferecem.

Ponto ainda mais alto – Deixa a posição mais uma vez pela mesma razão, quando está convencida de que recebeu tudo o que a empresa ou a posição poderiam lhe oferecer.

Esse ciclo de mudar de emprego continua somente se você maximizar seu potencial.

rem, em geral, durante os pontos baixos de frustração ou decepção causadas por um emprego abaixo da expectativa.[40] Por um tempo, nosso espírito se eleva, pois nos sentimos aliviadas por nos livrarmos das pessoas e dos problemas do velho emprego, e livres para mergulhar em algo novo. Infelizmente, algum tempo depois, o novo emprego parece muito familiar, exceto por alguns rostos e nomes diferentes. Sinal de que estamos em uma linha descendente mais uma vez.

Não devemos deixar o sucesso e o significado para depois, para um futuro idealizado — podemos alcançá-los agora usando todas as coisas que temos hoje à nossa disposição.

Vamos supor por um instante que faremos diferente dessa vez. Vamos tomar o controle de nossa carreira e ver que temos muitas escolhas em diferentes combinações. Vamos escolher ficar em cada posição ou empresa até que tenhamos aproveitado tudo o que elas tenham a nos oferecer.

Aproveitar a empresa significa maximizar tudo o que temos neste momento, sem alimentar nenhuma fantasia sobre coisas que ainda não aconteceram. Embora seja normal manter um olho no futuro e sonhar com algo possível, não devemos deixar o sucesso e o significado para depois, para um futuro idealizado – podemos alcançá-los agora usando todas as coisas que temos hoje à nossa disposição.

---

40. BUILD a more meaningful career. *Planet Job Info.com*. Disponível em: <http://www.planet-job.info/>. Acesso em: 19/8/2008.

O que você procura talvez esteja bem diante de seus olhos. Você também pode descobrir aspectos positivos em seu emprego que não havia considerado antes. No mínimo, você encontrará novas possibilidades de promoção – algumas que seus líderes podem não ter visto para você – exatamente aí onde está.

Oportunidades internas

Uma das experiências mais gratificantes de minha carreira ilustra bem esse ponto. Eu trabalhava para a Deloitte havia cerca de seis anos, e muitas coisas que eu ensinava nos seminários me deram a idéia de elaborar um programa para usar na empresa.

Era uma atividade que não fazia parte de minhas atribuições e para a qual eu não tinha permissão, mas estava apaixonada pela idéia. Um dia, contei o que havia pensado a um amigo do departamento de recursos humanos que havia passado em minha sala para dizer olá. Eu estava ansiosa para ver sua reação.

Expliquei-lhe a idéia de organizar um programa que pudesse, de modo significativo, aumentar o nível de satisfação dos funcionários da empresa. "Os funcionários participam de um seminário semanal no qual definem sua declaração de propósito de vida", comecei, "e então criam um plano para alinhar seu trabalho a seu propósito de vida. O resultado é que, dessa maneira, eles realizam seu propósito de vida agora mesmo, aqui na empresa, alcançando nesse processo níveis significativamente mais elevados de satisfação. O que você acha?".

"Muito interessante", disse ele. Poucas semanas depois, eu me reuni com ele e seu chefe, o diretor do departamento de recursos humanos – um dos líderes mais profissionais e criativos que conheci na Deloitte.

Ele gostou da idéia e, assim, ao longo dos vários meses que se seguiram, elaboramos um programa piloto que chamei de "Rumo ao Propósito®". Solicitamos a participação de alguns brilhantes profissionais, homens e mulheres, que estavam em um ponto de sua carreira no qual as chances de mudança costumam ser altas. Recebemos um retorno bastante positivo e, dois meses depois, tudo estava pronto para o lançamento.

Elaborar um programa como esse não constava das atribuições do meu cargo de gerente de *marketing* sênior. Assim, trabalhei nesse projeto em minhas horas de folga à noite e nos finais de semana, sabendo que não poderia comprometer minhas atribuições rotineiras enquanto procurava criar outras oportunidades. Além do mais, eu estava apaixonada pela idéia, por isso investir meu tempo livre era como dar à luz um novo e estimulante sonho.

Tão logo o programa piloto pareceu ser uma possibilidade viável, era a hora de conversar com meu chefe sobre o tempo de que esse tipo de projeto necessita e conseguir seu consentimento. Na verdade, eu queria mais do que consentimento; eu queria sua concordância. Seu apoio era crucial para qualquer oportunidade de longo prazo que pudesse surgir a partir desse novo programa.

Quando você assume novos riscos e explora novas opções, é importante manter seus superiores informados. Mesmo em grandes companhias, você não pode fazer ninguém se sentir desrespeitado. Uma maneira eficiente de discutir uma nova idéia com qualquer pessoa – seu chefe, seus subalternos ou seus colegas – é demonstrar como a idéia ou projeto se alinha com os valores ou objetivos dela. Esse é um princípio em que todos ganham, baseado na premissa de que há bastante para todo mundo – bastante tempo, dinheiro, pessoas e recursos – *se* formos criativas e abordarmos a situação com uma atitude de "vamos ver como isso pode funcionar".

Quando você assume novos riscos e explora novas opções, é importante manter seus superiores informados.

Bem poucas pessoas, infelizmente, mostram-se abertas a essa atitude. Muitas se mostrarão cautelosas, relutantes e até receosas de abrir mão de você, de seu tempo, dinheiro ou qualquer outro recurso que a realização de uma nova idéia possa exigir. É por essa razão que a maioria das pessoas aceita o *status quo*. Nosso emprego é nosso emprego, os cortes são um exercício anual e os recursos, escassos; assim, simplesmente fazemos nosso trabalho, pegamos nosso dinheiro e procuramos outra opção fora da companhia, se houver. Entretanto, com uma atitude "por que não?" e um pouco de criatividade, você pode instigar mudanças positivas – positivas para você e positivas para os outros.

Esse programa significava muito para mim, pessoalmente. Eu sabia que era bom para a companhia. Então, era o momento de motivar (ou pelo menos persuadir) meu chefe na mesma direção.

Enfatizar o alinhamento de valores é sempre um ótimo ponto de partida. Um dos valores bem conhecidos da Deloitte é ajudar os funcionários a crescer, desenvolver-se, ter acesso a treinamento e encontrar sucesso de longo prazo na empresa. Assim, ao apresentar a proposta do programa a meu chefe, eu destaquei como ele ajudaria a empresa a colocar em prática esse valor. Em essência, ele seria um programa de *marketing* interno, que ampliaria minhas competências e me possibilitaria crescer pessoal e profissionalmente, ao mesmo tempo que ajudaria os participantes a agregar valor a seu trabalho.

Cuidadosamente, defini quanto tempo o programa exigiria, deixando claro que eu cobriria minhas responsabilidades atuais para que nada fosse prejudicado, bem como ressaltei todos os resultados e ganhos para todos os envolvidos.

Com seis anos de empresa nessa época, eu tinha um histórico de bom desempenho. Todo esse trabalho foi uma espécie de investimento que gerou dividendos que, então, eu podia retirar. Se eu tivesse tido apenas um desempenho mediano e mostrado um certo desinteresse por meu trabalho, alcançando as metas mas nunca excedendo os objetivos, meu chefe não teria encontrado razões para me apoiar nesse projeto. Felizmente, nos anos anteriores eu havia conquistado seu respeito e apoio. Com tudo isso, ele concordou com a proposta e pediu que eu o mantivesse informado dos resultados, o que fiquei muito feliz em fazer.

O programa foi implementado e considerado um sucesso, obtendo avaliações entusiasmadas dos participantes e da equipe de liderança do RH. Essa experiência abriu as portas para uma segunda edição do programa, e uma versão condensada do *workshop* tornou-se outro programa de meio dia que meu chefe me pediu que organizasse para toda a equipe de *marketing*.

Oportunidades externas

A experiência de desenvolver e lançar o programa credenciou-me como palestrante e escritora, aspirações que eu já vinha acalentando. Com o tempo da Deloitte, somado a um pouco do meu próprio tempo, recebi algo muito mais valioso do que meu salário.

Fui além das atribuições de meu cargo para criar uma oportunidade muito maior e mais ampla e conhecer novas pessoas em diferentes funções, que, por sua vez, ajudaram a criar ainda mais oportunidades. Por conseqüencia, minha satisfação com o trabalho atingiu altos níveis em uma época na qual ela bem que poderia estar no fundo do poço.

Tomei, enfim, a decisão de levar o programa e outros similares para além dos muros da Deloitte justamente durante meu ponto mais alto de satisfação e de reconhecimento por tudo o que eu havia recebido.

Hoje, uso o capital intelectual e material de meu programa para trabalhar com a Deloitte e com outras organizações como consultora independente, assim construindo meu próprio negócio sobre as fundações de minhas experiências anteriores.

Joyce Roche, conselheira de várias empresas, além de CEO e presidente da Girls Inc., contou-me como ela também cavou novas oportunidades ao longo de sua carreira, que inclui dezenove anos na Avon.

> Aconselho as pessoas que não se sentem estimuladas e satisfeitas com seu emprego a, em primeiro lugar e acima de tudo, continuar a fazer um excelente trabalho. Você nunca sabe quando ele voltará para você. Uma vez, eu trabalhava para uma pessoa que não me suportava, por isso encontrei uma maneira de sair de sua equipe. Três anos depois, eu me vi trabalhando novamente para ela. Então, faça o que tem de fazer para se livrar de uma situação de que não gosta. Se permanecer nela durante muito tempo, você ficará desiludida e isso terá um efeito negativo sobre seu trabalho. Tudo isso acaba por prejudicar você – não a empresa, não o cargo, apenas você. Faça o que precisa fazer em sua atual função, mas procure vigorosamente outras oportunidades fora dali.[41]

Por que não usar esse mesmo conceito de autofortalecimento e começar a ver a promoção como algo que está em suas mãos? Isso irá revigorá-la com uma sensação de confiança e de possibilidade.

41. Joyce Roche, entrevista com a autora, abril de 2006.

A estratégia: siga os quatro princípios da promoção e crie a sua marca pessoal

Ao se preparar para a promoção e para abraçar novas possibilidades, lembre-se do que chamo de "os quatro princípios da promoção". Eles podem ajudá-la a evitar demoras desnecessárias e a posicioná-la melhor diante de cada possível promoção, mesmo em relação àquelas oportunidades que você ainda não vê.

Princípio 1: Visualize

Ao mesmo tempo que sua declaração de propósito define *por que* você está aqui fazendo o que faz, também é importante criar imagens mentais do lugar aonde você quer chegar. Às vezes, chamamos tais imagens de visões ou sonhos, que nos ajudam a ver como nossa vida será quando nossos anseios se realizarem. Acredito que é bastante útil criarmos uma imagem para cada área da vida.

Ao mesmo tempo em que sua declaração de propósito define por que *você está aqui fazendo o que faz, também é importante criar imagens mentais do lugar aonde você quer chegar.*

Vida pessoal. Visualize as relações com sua família e seus amigos. Elas são do tipo a favor da vida? Que tipo de investimentos você faz em suas relações pessoais para alcançar os resultados que tanto espera da área mais importante de sua vida? Eu visualizei meu marido durante muitos anos antes que ele chegasse, não exatamente em relação à sua aparência, mas a seu caráter, personalidade, realizações, e à maneira como viveríamos juntos como verdadeiros companheiros. Essa imagem me ajudou a esperar e não insistir com aqueles que pareciam não se encaixar.

Vida profissional. Visualize-se exercendo as funções que sirvam melhor a seu propósito e suas capacidades. Como são as coisas quando você está nesse trabalho?

Eu imagino certo tipo de pessoa que gostaria de conhecer, visualizo a mim mesma em papéis de liderança, trabalhando em determinados setores, provocando um determinado impacto. Fiz um curso de televisão na faculdade e sempre desejei ter um programa de TV, assim eu me imagino no cenário, observando a audiência, entrevistando os convidados. Essa visão me inspira a continuar a lutar enquanto espero que ela se realize.

Vida espiritual. Essa é uma área importante para muitas pessoas. Eu visualizo como quero ajudar os outros. Vejo em minha mente as mulheres que quero ensinar a viver por uma causa maior que elas mesmas. Imagino como posso continuar a integrar meus valores pessoais a meu trabalho.

Corinne McLaughlin, diretora executiva do Centro de Liderança Visionária, uma organização norte-americana que se dedica à formação de líderes, sabe que as mulheres procuram essa conexão. Ela fala desse desejo cada vez mais comum. "À medida que um número crescente de mulheres entra no mercado de trabalho", explica Corinne, "elas procuram empresas que sejam alinhadas com seus valores espirituais. As mulheres querem levar todo o seu ser para o trabalho – corpo, mente e espírito. Elas querem que a sua espiritualidade vá além da simples fé – elas querem poder aplicá-la na prática".[42]

Bem-estar físico. Olhar para todas aquelas fotos de mulheres maravilhosas em revistas femininas me ajuda a visualizar como eu gostaria de manter meu corpo tonificado e saudável – para tanto, corro regularmente. Procuro receitas saudáveis e experimento coisas novas que sejam saborosas, mas não engordem. Essa visão é diferente para cada uma de nós e não tem de ser necessariamente ditada pelo que vemos nas revistas ou em outras mídias. As revistas me ajudam de vez em quando a permanecer saudável e podem fazer o mesmo por você. Outras mulheres se inspiram em pessoas que conhecem. Essa também é uma opção eficaz.

Casa. Adoro recortar imagens de lindas salas, arranjos florais, tecidos, louças e outros objetos que me dão uma visão da beleza que eu desejo para o lugar onde vivo. Muitas vezes, manuseio essas imagens procurando motivação para dar uma nova vida a minha casa.

Filhos. Visualizo nossa família no futuro distante, quando os meninos tiverem sua própria família, e como nos divertiremos nas férias. Vejo-os como homens de grande caráter, casados com mulheres felizes e lindos filhos. Essa imagem me ajuda a enxergar além das toneladas de roupa suja e da rotina de transporte para a escola, que, às vezes, podem provocar estresse. Ela também me ajuda a estimular os meninos para que sejam excelentes em todos os sentidos.

Todas essas imagens servem para estimular minha alma e meu coração nos bons e nos maus momentos, e para me dar força e coragem até mesmo quando não posso tomar nenhuma atitude imediata em relação a elas.

---

42. MCLAUGHLIN, Corinne. *Women-business-spirituality: a new formula for leadership*. Disponível em: <http://www.womenbusinessspirituality.com/comments.html>. Acesso em: 19/8/2008.

Em que áreas de sua vida você poderia aplicar uma imagem de novas possibilidades? Se dinheiro e tempo não fossem problema, aonde você iria, o que faria, qual seria seu objetivo nas várias áreas de sua vida? Pense em todas essas questões e dê a elas uma imagem que a levará até a sua realização.

Princípio 2: Planeje

Com essas visualizações em mente, você está pronta para criar um plano a fim de torná-las realidade. Imagens permanecem inanimadas se não houver um plano que trace os passos para se chegar lá.

Ron e eu estamos decorando nossa casa neste momento, e cada ambiente ainda precisa de muitas coisas. Restrições de tempo e dinheiro nos impedem de fazer tudo de uma só vez, mas falamos com freqüencia sobre nossos planos. Calculamos os custos e determinamos em quais meses compraremos novos itens. Esse plano nos ajuda a continuar trabalhando para completar a casa. No prazo de um ano, todos os ambientes estarão prontos, porque nós planejamos, e não apenas imaginamos, o que pode ser feito.

Seu trabalho é como uma casa que espera por decoração. A estrutura e as fundações – a descrição de seu cargo, seu grau de liderança, seu salário – estão determinadas, mas há muito mais coisas que você pode acrescentar a essa base.

Lisa Sloan-Walker, diretora de negócios das Sopas Campbell, decorou sua carreira encontrando novas formas para expor os produtos da companhia. Como vendedora júnior na unidade de sopas condensadas, ela visualizou uma tática inovadora de propaganda. Lisa notou que muitos clientes compravam a sopa de tomate para preparar cozidos e outros pratos, então, propôs promover a sopa como um ingrediente em vez de como uma refeição única.

"Isso ajudou a ampliar os negócios", explica Lisa. "Dentro do esquema da empresa, essa não era uma prioridade da alta administração, mas eu criei um espaço para mim e pude realizar esse projeto." Como gerente da unidade de bebidas, ela também ajudou a reviver o negócio do suco de frutas V8 Splash, relacionando-o com a natação nos Estados Unidos. A manobra deu-lhe grande visibilidade. "Penso que muitas mulheres esperam receber uma solicitação ou apenas acreditam que basta trabalhar muito para que coisas boas aconteçam", afirma ela. "Eu tomo a iniciativa e encontro pessoas que estão dispostas a ouvir e a me ajudar a vender minhas idéias."[43]

Seu trabalho é como uma casa que espera por decoração. A estrutura e as fundações — a descrição de seu cargo, seu grau de liderança, seu salário — estão determinadas, mas há muito mais coisas que você pode acrescentar a essa base.

Como Lisa, pense nas atribuições e táticas não incluídas na descrição de seu cargo que possam ser executadas por você. Imagine e escreva os benefícios que esses esforços renderão para seu trabalho, tanto pessoal como profissionalmente. Então, elabore um plano que

43. SLOAN-WALKER, Lisa, entrevista a Karin Halperin. Five Ways Women Can Raise Their Professional Profile. *CareerJournal.com*, 17 Oct. 2005. Disponível em: <http://www.careerjournal.com/myc/climbing/20051017-halperin.html?mod=RSS_Career_Journal&cjrss=frontpage>. Acesso em: 19/8/2008.

poderá deixá-la um passo mais perto de uma promoção, dentro ou fora de sua empresa.

Minha amiga Andrea Baumann Lustig conta o que ela fez.

> Quando consegui meu primeiro emprego em Wall Street, eu sabia que havia aterrissado em uma organização fantástica. Ao final, eu havia desenvolvido uma forte capacidade de análise e aprendido muito sobre o mundo das finanças. Um estágio de verão me conduziu a onze anos de consultoria, que foram muito estimulantes e satisfatórios. Então, mudei de emprego e desenvolvi outras competências.
>
> Dessa vez, em vez de ajudar empresas a resolver problemas, passei a trabalhar diretamente com pessoas e famílias. Gostei do contato mais individual e das relações, mas eu também tinha outro objetivo mais pessoal. Eu queria ver se a administração de bens era um negócio em que eu poderia ser boa e achar interessante. Eu sabia que se gostasse da área, aprendesse muito e fosse bem-sucedida, algum dia eu poderia trabalhar na empresa de administração de investimentos de minha família. E é o que estou fazendo agora, cerca de 25 anos depois.
>
> Olhando para trás, percebo que em cada virada decisiva em minha carreira, meus planos se desenvolveram porque sempre me fiz duas perguntas importantes: "Em que eu sou competente?" e "O que eu gosto de fazer?". Então, procurei oportunidades que pudessem me oferecer esses dois elementos ao mesmo tempo.[44]

Princípio 3: Produza

Essa é a fase na qual você começa a gerar produtos e resultados. Você pode visualizar e planejar o dia inteiro, mas é a produção que de fato criará a plataforma de lançamento para sua promoção.

---

44. Andrea Baumann Lustig, entrevista com a autora, abril de 2006.

Eu acompanhei e avaliei extensamente os resultados do programa Rumo ao Propósito® para quantificar o impacto que teve nos participantes. Todo esse esforço me colocou em uma posição favorável a uma promoção dentro e fora da Deloitte.

O que você produziu nos últimos tempos? Muitas vezes realizamos muito, mas não reservamos tempo para avaliar nossa produção. Se eu lhe pedisse que relatasse suas duas últimas realizações no trabalho, quais seriam elas? Qual impacto elas tiveram na companhia, nas pessoas, nos resultados? São essas as coisas que você deveria registrar com regularidade e, no momento apropriado, comunicar aos que podem fazer avançar sua carreira.

Quanto mais você visualizar e planejar antes de produzir, mais clareza você terá quanto aos resultados que alcança.

Princípio 4: Espere pacientemente

Visualizar, planejar e produzir lhe ajudarão a ser paciente sem perder a esperança. Não basta seguir os três primeiros passos para garantir a promoção que desejamos. Muitas vezes, simplesmente teremos de ser pacientes. Por isso, as outras três fases nos mantêm ocupadas com alegria e visão enquanto esperamos.

Às vezes, o sinal vermelho de certos semáforos demora demais quando estou com pressa. A menos que, por exemplo, eu aproveite o tempo para passar batom. Até que eu encontre em minha bolsa o lápis de contorno, desenhe uma linha perfeita e passe o batom, o sinal já ficou verde e o sujeito impaciente na picape atrás de mim está tocando a buzina. O mesmo acontece quando aproveito para verificar minhas mensagens no *laptop* ou no celular. Quando nosso corpo e nossa mente estão ocupados, a espera não parece tão longa.

A melhor maneira de permanecer ocupada enquanto aguarda uma promoção é se concentrar em construir sua marca pessoal.

Ser paciente não significa ser inativa. Pense no garçom* em um restaurante cheio. Ele está *à espera* de ser chamado a qualquer momento; no entanto, é a pessoa mais ocupada do lugar. Esse é o tipo de garçom que devemos ser – uma pessoa que se mantém ocupada, que permanece ativa e interessada, de maneira que as coisas pelas quais esperamos nos tragam ansiedade ou preocupação apenas de vez em quando, se tanto.

A melhor maneira de permanecer ocupada enquanto aguarda uma promoção é se concentrar em construir sua marca pessoal. Muitas mulheres têm consciência de que essa é uma tarefa necessária, mas raramente têm tempo para se dedicar a ela.

Qual é a sua marca pessoal?

Pense por alguns instantes nas seguintes mulheres. Usando apenas uma frase, como você as descreveria?

Oprah Winfrey
Eleanor Roosevelt

* Em inglês, a palavra para garçom é *waiter*, que deriva de *wait*, esperar. A autora faz uma relação direta entre os dois termos, impossível em português. (N. T.)

Madre Teresa de Calcutá
Martha Stewart*

A frase que você escolheu é, em suma, a reputação dessas mulheres. Você pode não conhecê-las pessoalmente, mas é capaz de falar alguma coisa sobre elas. Ao fazer isso, você está me falando sobre a marca pessoal delas.

Sua marca é a soma total do que as pessoas pensam e sentem sobre você.

Todo mundo tem uma marca pessoal. Qual é a sua? Se eu perguntar sobre você a algumas pessoas importantes em sua vida, o que elas dirão a seu respeito? Sua marca é a soma total do que as pessoas pensam e sentem sobre você.

É possível que diferentes pessoas nas várias áreas de sua vida descrevam você de maneiras diferentes. É verdade que mostramos distintos aspectos de quem somos de acordo com os muitos papéis que representamos na sociedade, contudo, deve haver um fio condutor consistente de nossa personalidade que perpassa tudo o que fazemos.

---

* Mulheres famosas: Oprah Winfrey, apresentadora da televisão norte-americana, dirige o *talk show* de maior audiência nos Estados Unidos; Eleanor Roosevelt, diplomata e ex-primeira dama dos Estados Unidos, esposa de Franklin Delano Roosevelt; Madre Teresa, freira que dedicou a vida ao povo indiano, agraciada com o Prêmio Nobel da Paz em 1979; e Martha Stewart, apresentadora de TV e empresária norte-americana que, em 2005, teve a prisão decretada por seu envolvimento em crimes de fraude relacionados à companhia de biotecnologia ImClone Systems. (N.T.)

Descrevemos a marca de uma pessoa usando adjetivos. Por exemplo, poderíamos dizer que Oprah Winfrey é apaixonada, empreendedora, um modelo a ser seguido, pioneira, articulada. Esses são todos atributos da marca pessoal da apresentadora.

Como alguém descreveria você? Sua marca é exatamente o que você gostaria que ela fosse? Quais são as discrepâncias entre a maneira como você é percebida em seu local de trabalho e a forma como você gostaria de ser vista? Saiba que essas discrepâncias podem ser trabalhadas para que você possa criar a marca que deseja, realizar seu propósito e, ao mesmo tempo, gerar mais oportunidades e promoção.

Uma marca é a promessa do que você receberá de alguma coisa ou de alguém. Pense em seu grupo de amigos. Você sabe a qual deles recorrer quando precisa de motivação ou consolo, de uma boa risada ou uma idéia criativa. A marca de cada um promete determinados resultados toda vez que recorrer a ele.

Minha amiga Kim ligou-me de Paris em uma manhã de sábado para pedir meu conselho sobre um casaco de pele de cordeiro que ela encontrou em uma liquidação. Era um bom negócio? Ela usaria a peça o bastante para justificar a extravagância? Ela recorreu a mim porque sabe que a minha marca promete um olho afiado para avaliar grandes valores, uma característica que aproveito não apenas na vida pessoal, mas também em muitos aspectos de meu trabalho.

Pense nos *e-mails* que você lê e naqueles que ignora. A marca do remetente determina se a mensagem é de leitura prioritária ou algo que você pode deixar para depois.

Vamos considerar as grandes marcas que todos nós conhecemos e compramos. Nomes como Nike, Starbucks e McDonald's. Essas empresas investem milhões de dólares todos os anos para construir, proteger e desenvolver suas marcas. Quando a empresa de comunicações SBC Communications adquiriu a AT&T por 16,5 bilhões de dólares, planejou gastar outros milhões em uma campanha para relançar a marca. Porém, alguns analistas disseram que eles poderiam gastar centenas de milhões.[45]

Minha querida amiga Lisa Marks, fundadora e presidente de sua agência de licenciamento e *marketing*, adquiriu sua *expertise* desenvolvendo, construindo e vendendo marcas. Ela trabalhou para companhias líderes, como Disney, Nickelodeon, HBO e Penguin Publishing. Para Lisa, os elementos essenciais de uma marca forte incluem qualidades como segurança, confiabilidade, singularidade, a habilidade de satisfazer uma necessidade ou um desejo e valor agregado. Ela também observa que as empresas investem um volume fabuloso de recursos e esforços para construir suas marcas, e que continuamente mantêm o investimento para sustentar o desenvolvimento e a expansão dos negócios.

Ela conclui: "Se esse tipo de raciocínio é eficaz para as grandes empresas ao construírem suas marcas, por que não deveríamos pensar em fazer um investimento semelhante e manter um foco estratégico quando construímos nossa marca pessoal?"[46] Eu concordo incondicionalmente. Somente nós mesmas podemos desenvolver nossas marcas pessoais, e somos as maiores interessadas nisso.

Venda a sua marca

Nos muitos seminários que ministrei intitulados "Construa sua marca pessoal", as mulheres relatam o mesmo problema. Muitas vezes, elas se privam de construir as próprias marcas porque receiam

45. REGAN, Keath. AT&T Plans to Spend Millions to Re-Launch Brand. *Tech News World*, 30 Dez. 2005. Disponível em: <http://www.technewsworld.com/story/Ryz8RP8qO2vJGB/ATT-Plans-to-Spend-Millions-to-Re-launch-Brand.xhtml>. Acesso em: 19/8/2008.

46. Lisa Marks, entrevista com a autora, 2006.

se parecer com um tipo de mulheres que conhecem muito bem: agressivas em excesso e que, de maneira desprezível, vangloriam-se o tempo todo, só para estar por cima. Se essas mulheres chamam demasiada atenção sobre si mesmas por insegurança, por uma arrogância inabalável ou por uma total falta de tato, isso não é nada bonito nem feminino, para dizer o mínimo. Conseqüentemente, muitas mulheres não querem ser como elas.

Contudo, ainda guardamos na lembrança o que nossa mãe nos ensinou: "Quando você entrar em um lugar cheio de gente, não fale sobre si mesma; concentre-se nos outros". Anos depois, nós nos encontramos em um grande lugar chamado trabalho e percebemos que se não contarmos para os outros o que fizemos, ninguém contará. E, assim, acabaremos ficando para trás, enquanto os demais seguem em frente, em direção a coisas maiores e melhores.

Um líder de uma grande empresa contou-me, certa vez, o quanto ele tem de insistir para que as mulheres de sua equipe falem sobre si mesmas durante as auto-avaliações de final de ano. Em vez de dizerem "Eu liderei a equipe para ganhar 2,5 milhões de dólares em novos negócios", elas dizem: "*Nós* ganhamos 2,5 milhões em novos negócios". Elas dividem o crédito com toda a equipe – o que é louvável –, mas com freqüência omitem as próprias e notáveis realizações.

Embora eu seja por natureza uma vendedora, quando se trata de vender a mim mesma também encontro dificuldades. Entretanto, existem algumas estratégias que têm me ajudado a trabalhar essa questão de forma mais eficiente.

Em primeiro lugar, procuro ver minhas realizações como a descrição de um fato, e não como um motivo para me vangloriar. Assim, se informo meu chefe sobre o que fiz, o relato se parece menos com autopromoção e mais como uma explicação. Além disso, quando eu relaciono o que fiz aos resultados e impactos finais, sinto como se estivesse discutindo como meu trabalho fez diferença, e não como se estivesse me vangloriando da boa funcionária que tenho sido. Assim, mostro como servi à missão da companhia melhorando seus resultados.

Pode parecer loucura empregar esse tipo de jogo mental, mas constantemente as mulheres se queixam de como se sentem constrangidas ao falar sobre si mesmas. O resultado desse comportamento é que sua marca, aliás uma marca extraordinária, permanece invisível. Todas nós, ao que parece, precisamos nos tornar, ainda que de modo delicado, mais assertivas.

Quem fala sobre você?

As grandes marcas sabem que a propaganda boca a boca é o verdadeiro objetivo final. Uma boa estratégia de vendas para qualquer marca é fazer todo mundo falar sobre a marca de maneira semelhante, embora personalizada.

Quem são as pessoas que você quer que falem de você? Elas possuem informações e impressões suficientes para dizer coisas semelhantes sobre seu trabalho? Elas têm um contato pessoal suficiente para sustentar as informações com experiências concretas e mensuráveis?

Tom Peters é meu guru de marca favorito. Seus livros são incríveis *best-sellers*, e ele já trabalhou para grandes companhias no mundo todo. Vejamos como ele aborda o tema sobre o qual estamos falando aqui:

> O segredo para qualquer campanha de marca pessoal é o "*marketing* boca a boca". Sua rede de amigos, colegas e clientes é o veículo de *marketing* mais importante que você tem; o que eles dizem sobre você e seu trabalho é o que o mercado, em última instância, irá tomar como medida de valor de sua marca. Assim, o grande truque

para construir sua marca é encontrar maneiras de alimentar sua rede de colegas – conscientemente.[47]

Quem são as pessoas que você quer que falem de você? Elas possuem informações e impressões suficientes para dizer coisas semelhantes sobre seu trabalho?

Prepare-se para a promoção enquanto constrói sua marca

Use a seguinte tabela para visualizar, planejar e produzir as ações que irão levar à sua promoção e, ao mesmo tempo, ajudar a construir sua marca pessoal. Lembre-se de que enquanto nossa necessidade percebida é alcançar uma promoção, nossa necessidade verdadeira é construir nossa marca pessoal. Se nos dedicarmos a construí-la de modo sistemático e estratégico, a promoção virá como conseqüência.

Enquanto você estiver aguardando a próxima promoção ou aquela oportunidade pela qual tanto anseia, lembre-se de que cada dia pode ser um investimento no bem mais importante que possui: a marca chamada *você*. Em vez de esperar que seus "consumidores" a encontrem por acaso em uma prateleira do mercado, invista seus recursos na visualização, no planejamento e na produção de uma marca consistente em tudo o que você faz.

47. Fast Company, por Tom Peters. Copyright 1997 de Mansueto Ventures LLC. Reproduzido com a permissão de Mansueto Ventures LLC.

"Se você pretende ser uma marca", aconselha Tom Peters, "precisa se concentrar incansavelmente nas coisas que agregam valor, que lhe trazem orgulho e, o mais importante, que possam lhe render créditos".[48]

Existem muitas oportunidades para todas nós, aqui e agora. Antes, durante e depois de uma promoção, podemos preencher nossa vida com alegria sincera. E podemos alcançá-la, se não naturalmente, com certeza procurando de modo ativo. Da mesma maneira, podemos alcançar a satisfação em nosso trabalho trilhando um caminho sempre ascendente, em vez de nos perdermos no sobe-e-desce de um ciclo de altas expectativas e profundas decepções.

Atributo desejado para a marca (Visualização)	**Percepção atual e discrepâncias a trabalhar (Planejamento)**	**Ações para melhorar e construir a marca desejada (Produção)**
Exemplo 1: Ser reconhecida como uma profissional inovadora na área de gestão personalizada de carreiras.	Vista como "executora" mas não como "pensadora".	1. Identificar quem na empresa é especialista na área. 2. Identificar quem fora da empresa é considerado um guru no assunto. 3. Enviar um *e-mail* para o especialista da empresa indagando maneiras de conhecer mais de perto os aspectos estratégicos da política da empresa para a gestão personalizada de carreiras. 4. Assistir a uma palestra do guru.

48. Fast Company, por Tom Peters. Copyright 1997 de Mansueto Ventures LLC. Reproduzido com a permissão de Mansueto Ventures LLC.

Atributo desejado para a marca (Visualização)	Percepção atual e discrepâncias a trabalhar (Planejamento)	Ações para melhorar e construir a marca desejada (Produção)
Exemplo 2: Ser indicada como líder de um projeto muito importante.	Considerada indispensável em um trabalho já em andamento, o que inviabiliza que receba novas atribuições.	1. Conversar com o líder do trabalho em andamento sobre a possibilidade de sair dessa equipe ou de delegar parte das tarefas. 2. Procurar conhecer os objetivos do projeto e trocar idéias com o gerente responsável; isso pode contar a seu favor. 3. Incluir essa idéia em um formulário oficial de planos para o ano seguinte a fim de ser identificada como uma liderança mais abrangente.

Visualize seu mundo ideal. Planeje o futuro de seus sonhos. Produza cada possibilidade que seja capaz de pensar ou imaginar. Em resumo, é hora de seguir o conselho de uma famosa marca: *just do it!*.*

* Trata-se do *slogan* mundialmente famoso da Nike, que significa "Apenas faça!". (N.T.)

6 Como partir de uma "grande idéia" e chegar a um "sonho que se tornou realidade"?

Eu sabia o que queria fazer e consegui realizar meu ideal aos 30 anos de idade. Trabalhei na Casa Branca, no serviço diplomático e influenciando a política externa. Eu não apenas lia a respeito, mas tomava parte disso, de verdade. De certo modo, por acaso, eu tinha um conselho consultivo pessoal.

Celina Realuyo

Ex-diretora do Serviço de Antiterrorismo,

Departamento de Estado do governo norte-americano

Os mecanismos de busca da internet são uma coisa maravilhosa. Quando quero encontrar algo sobre qualquer coisa, a qualquer hora do dia, tudo o que preciso fazer é ligar meu *laptop*, entrar num *site* de busca e digitar uma frase para, em poucos segundos, ter acesso a centenas de *links* que me levarão a informações e idéias que eu nem sabia que existiam.

Agora, imagine ter acesso a respostas semelhantes, vindas de pessoas reais, sobre você mesma. No instante em que precisar de algo em qualquer área de sua vida, basta enviar um simples *e-mail* ou ligar para os especialistas nos assuntos de seu interesse. Essas pessoas não apenas lhe oferecerão excelentes informações como poderão personalizá-las para você.

Além de ter acesso aos conhecimentos dessas pessoas, elas colocam você em contato com sua rede de relacionamentos, um dos benefícios mais valiosos desse verdadeiro "mecanismo de busca" humano.

O desafio: preciso de ajuda, inspiração e contatos

Em seu livro *Boards that Make a Difference* [Conselhos de Administração que Fazem a Diferença], publicado pela primeira vez em 1989, o inglês John Carver, conhecido especialista no tema, calculou que havia aproximadamente 4,5 milhões de conselhos consultivos ou de administração só nos Estados Unidos (entre organizações sem fins lucrativos, órgãos do governo e empresas). Ele fez a seguinte observação:

> É virtualmente impossível escapar da ação dos conselhos. Ou fazemos parte dos conselhos, ou trabalhamos para eles, ou somos afetados por suas decisões. Os conselhos estão no topo de quase todas as formas de organizações corporativas – empresariais e sem fins lucrativos – e com freqüência também estão presentes em órgãos governamentais.[49]

Com certeza, isso ainda é verdade hoje, só que com números ainda maiores.

---

49. CARVER, John. *Boards That Make a Difference: a New Design For Leadership in Nonprofit and Public Organizations*. Nova York: Jossey-Bass, 2006. p. 1.

Certa vez, poucos anos atrás, eu almoçava com minha amiga Christie. Na ocasião, eu sentia uma grande apatia no trabalho. Ela, por sua vez, era nova em seu emprego e ainda um pouco insegura em relação a alcançar os resultados esperados diante de tantos projetos, pessoas e prioridades.

Em nossa conversa, imaginávamos como poderíamos avançar nos caminhos que nos levariam a realizar nossos sonhos, quando ela começou a me estimular a entrar em contato com as pessoas que eu conhecia e que eram especialistas nas áreas em que eu sonhava trabalhar.

Quanto mais conversávamos, mais pessoas me vinham à mente. Eram profissionais que poderiam ser grandes fontes de informações e *insights*, de talento criativo e, principalmente, eram a influência de que eu precisava para dar um impulso em minha carreira e me tornar uma palestrante conhecida e bem remunerada (uma coisa que estava no topo da minha lista de aspirações, mas não constava das atribuições do meu cargo na época).

"Você precisa do seu conselho pessoal de diretores, Lynette", disse ela, "pessoas que possam ajudá-la a se desenvolver e estabelecer contatos para você concretizar esse sonho".

Pensei se não seria uma boa idéia ter meu conselho pessoal, totalmente focado em meus sonhos. Seria uma maneira interessante de abordar meus problemas na ocasião.

Fiquei interessada pela idéia de um conselho pessoal, pois eu havia trabalhado com vários tipos de conselhos por muitos anos em empresas sem fins lucrativos. Eu mesma havia sido membro de um conselho, presidente de conselho e diretora-executiva que prestava contas a um conselho. Acompanhei e ministrei palestras sobre liderança e conselhos.

Assim, pensei se não seria uma boa idéia ter meu conselho pessoal, totalmente focado em meus sonhos. Seria uma maneira interessante de abordar meus problemas na ocasião. Então, passei as semanas seguintes pensando em selecionar e formar meu conselho pessoal.

Se eu queria ser uma palestrante, precisaria conhecer com maior clareza o sistema de remuneração, as formas de inserção nesse mercado, como determinar os tópicos das palestras e como conseguir agendar apresentações. Assim, trabalhei nos perfis de diferentes conselhos que poderiam me ajudar a encontrar as soluções para minhas necessidades. Também organizei as questões que precisavam ser respondidas.

Meu primeiro plano para organizar um conselho pessoal era mais ou menos o seguinte:

Conselho	**O que preciso saber**	**Possíveis conselheiros**	**Ações/etapas**
Conselho de Palestras	Por onde começar? Como determinar meus honorários? Como definir meus tópicos? Como conseguir agendar palestras? Quais produtos vender?	Jim Stovall Bob Harrison	Escrever para Jim e marcar um encontro para conversarmos. Perguntar a Chris e Michelle se Bob não estaria interessado em incluir uma apresentação minha no seu evento do Havaí.

Conselho	O que preciso saber	Possíveis conselheiros	Ações/etapas
Conselho de *Web Site*	Quem poderia me ajudar a criar um *web site*? Que tipo de conteúdo é necessário? Como incluir meu *site* nos mecanismos de busca da internet?	Jenni Frost Tim Frost	Conversar com Jenni para saber se Tim tem disponibilidade de me ajudar a começar. Marcar uma hora com o fotógrafo de Jenni para fazer fotos para o *web site*.
Conselho de Produtos e Marca	Que tipo de conteúdo pode ser transformado em produtos? Que tipo de produtos devo oferecer? Qual deve ser a apresentação gráfica de meus materiais? Preciso de uma logomarca.	Carol Spann Dean Butler	Conversar com Carol sobre essas idéias e ter sua opinião. Ligar para Dean e saber se ele pode desenhar uma logomarca e estimar os custos.
Conselho de Finanças e Administração	Quanto tudo isso vai custar? Quais itens do meu orçamento devem ser readequados? Preciso criar uma empresa própria nessa área?	Papai Joel LaCourse	Assim que eu tiver as avaliações dos outros conselhos, trabalhar com papai para estabelecer uma estrutura financeira. Conversar com Joel a respeito de criar uma empresa.

Só de traçar esse plano para ter meu próprio conselho consultivo, eu me senti bastante animada e motivada. A partir daí, além das longas horas de trabalho na Deloitte, passei a investir todo meu tempo livre em conversar com meus novos consultores (a maioria jamais soube que havia sido selecionada e indicada para o cargo).

Lembro-me de minha primeira reunião por telefone com Jim Stovall, um bom amigo e fundador da rede de televisão Narrativa, vencedor do Prêmio Emmy. Jim é um palestrante profissional bem conhecido e muito bem pago. Por sua sugestão, liguei para ele às 7 horas da manhã com minha lista de perguntas em mãos.

Fiz muitas anotações de tudo o que ele me dizia, escrevedo o mais rapidamente que podia. Jim falou sobre muitas idéias relacionadas a meus objetivos. No momento em que terminamos, eu tinha várias páginas cheias de idéias para investigar, com o entusiasmo de Jim e sua disposição de me ajudar. "Sempre que precisar, Lynette, a qualquer hora, é só me ligar", ofereceu ele.

Durante as semanas que se seguiram, comecei a trabalhar em algumas das idéias de Jim. Ao mesmo tempo, conversei com meus outros conselheiros. Em dois meses, fui convidada por Bob Harrison, um dos membros de meu Conselho de Palestras, para fazer uma apresentação em sua conferência de líderes, realizada em Maui, no Havaí. Como a data coincidiria com meu aniversário de 40 anos, alguns parentes meus resolveram também assistir. (Na verdade, tive quase de obrigá-los!)

Preparar a apresentação para esse evento me fez sentir ainda mais motivada e estimulada em relação a meus planos. Eu sabia que precisaria de alguns produtos para vender, assim, trabalhei nos finais de semana para escrever meu primeiro manual de instrução sobre como formar equipes dirigidas a um propósito. Esse tema se transformaria em uma área de reconhecida especialização nos anos que se seguiriam.

Descobri um estúdio de gravação na Rua 23, em Manhattan, e mandei editar duas fitas com minhas melhores apresentações. Eu pretendia vendê-las durante a conferência.

Dean Butler, membro do meu Conselho de Produtos e Marca, trabalhou comigo na criação de uma logomarca que imprimi em meus cartões de visita e nos blocos de anotações (os mesmos que uso até hoje). Assim, criamos um leiaute e uma imagem para os produtos que eu estava elaborando.

Por sua vez, Tim Frost, do meu Conselho de *Web Site*, aplicou o projeto gráfico de Dean à minha nova página na internet. O *site* era simples, mas continha informações suficientes para que eu pudesse indicá-lo às pessoas.

Na época do evento no Havaí, eu tinha três lindos produtos para vender, uma logomarca, materiais personalizados e um *web site*. No final de minha apresentação, havia recebido vários convites para dar palestras e vendido todos os meus materiais. Que estímulo! Eu estava no caminho certo.

Mais uma vez, não havia nada em minhas atribuições na Deloitte que me autorizasse ou designasse a formar um conselho e a levar em frente meus sonhos. Tomei todas as precauções para não fazer nada contra a política da companhia, e informei ao meu chefe que eu estava explorando novas maneiras de desenvolver minhas habilidades de falar em público e melhorar meu currículo.

Meu conselho de diretores ajudou-me a dar a partida e a lançar todas essas idéias. Desde então, identifiquei novos conselheiros enquanto outros se retiravam, mas sempre encontrei enorme motivação e estímulo nessa estratégia organizada de identificar os profissionais e recursos de que eu mais precisava para chegar aonde quero estar.

A estratégia: organize seu conselho consultivo

O que aconteceria se agora mesmo, hoje, você organizasse seu conselho de diretores? Que imagens de promoção estão em sua mente e quem poderia ajudá-la a chegar lá? Use a mesma tabela que eu usei e comece a pensar nas pessoas com quem você pode contar para realizar suas visões e seus sonhos, mesmo que elas não assumam nenhuma obrigação ou posição oficial.

Escreva nessa tabela alguns nomes e idéias para começar a se animar. Não se esqueça de definir as etapas e ações que irão ajudá-la a dar a partida em seus sonhos. Então, deixe seu conselho pessoal conduzi-la ao próximo nível.

Que imagens de promoção estão em sua mente e quem poderia ajudá-la a chegar lá?

Conselho	O que preciso saber	Possíveis conselheiros	Ações/etapas

Conselho	**O que preciso saber**	**Possíveis conselheiros**	**Ações/etapas**

Como identificar os membros de seu conselho

As categorias da tabela oferecerão informações suficientes para você compreender por que e como abordar os possíveis membros de seu conselho. Lembre-se: você nunca precisa mencionar a idéia do conselho. Chamar esse grupo de profissionais de conselho é apenas uma maneira criativa de ajudar a organizar sua necessidade de orientação e de apoio na busca pela realização dos seus sonhos.

Em seu livro *Extraordinary Board Leadership* [Conselho de Lideranças Extraordinárias], o especialista em negócios Doug Eadie descreve o que chama de "conselhos de alto impacto". Ele afirma que os membros desse tipo de conselho oferecem sua experiência, suas habilidades, seu conhecimento e suas redes de relacionamento. Conselheiros de alto impacto produzem um efeito mensurável nos recursos, no desempenho e na influência de uma organização.[50]

Essa também é uma excelente diretriz para você formar seu conselho pessoal. Assim, seus conselheiros irão provocar um impac-

50. EADIE, Doug. *Extraordinary Board Leadership: The Seven Keys to High-Impact Governance*. Boston: Jones & Bartlett, 2000. p. 6-7.

to significativo, ajudando-a a identificar recursos, melhorar seu desempenho pessoal e ampliar sua influência.

Celina Realuyo, ex-diretora do Serviço de Antiterrorismo do Departamento de Estado dos Estados Unidos, experimentou o impacto mensurável provocado por seu conselho consultivo pessoal. Em uma conversa recente, ela contou como seus conselheiros a ajudaram a alcançar muitos objetivos logo no início da sua carreira.

> Eu sabia o que queria fazer e consegui realizar meu ideal aos 30 anos de idade. Trabalhei na Casa Branca, no serviço diplomático, influenciando a política externa. Eu não apenas lia a respeito, mas tomava parte disso, de verdade. De certo modo, por acaso, eu tinha um conselho consultivo pessoal.

Seus conselheiros irão provocar um impacto significativo, ajudando-a a identificar recursos, melhorar seu desempenho pessoal e ampliar sua influência.

Como avaliar os conselhos

Quando você avaliar os nomes de possíveis membros para integrar seu conselho, considere três categorias de contribuição que um profissional típico pode oferecer.

1. *Tempo*. Esse profissional tem disponibilidade para participar de discussões, organizando, planejando e atuando em projetos com você e para você?

2. *Talento*. Esse profissional possui alguma competência, habilidade ou talento específico de que você precisa para avançar em certos objetivos?
3. *Tesouro*. Essa pessoa é capaz de investir em você dando-lhe dinheiro ou oferecendo serviços que, de outra maneira, você teria de pagar?

Por exemplo, em meu Conselho de *Web Site* conto com um profissional gabaritado que possui uma ampla visão da área de *web design*. Ele tem muito talento, mas pouco tempo para efetivamente ajudar a desenvolver o conteúdo da página, fazer as atualizações necessárias e acompanhar a evolução do *site*. A outra conselheira está à procura de emprego, assim ela tem mais tempo para investir na execução do plano geral e nas atualizações, embora sua experiência no desenvolvimento de uma estratégia geral para o *site* seja limitada. Assim, preciso dos dois em meu conselho por diferentes razões – um pelo talento, outro pelo tempo.

Eventualmente, você encontrará pessoas que mostram disponibilidade em mais de uma dessas categorias. Isso é maravilhoso quando acontece, mas lembre-se de que, na maior parte das vezes, seus conselheiros só poderão oferecer ajuda em apenas uma delas.

Tive anos de experiências frustrantes com membros de conselhos (não dos meus conselhos pessoais, mas de outros conselhos com os quais trabalhei). Refiro-me àquelas pessoas que sempre comparecem a todas as reuniões, mas nunca contribuem com um centavo para o levantamento de recursos. Ou àquelas que assinam cheques substanciais, mas faltam a duas de cada três reuniões. Quando tomei conhecimento das categorias tempo, talento e tesouro para a avaliação de conselheiros, passei a apreciar de modo mais profundo cada membro, pois percebi que eu poderia celebrar suas contribuições específicas, sem lamentar o que ele não pode fazer.

Como abordar os conselheiros

Tendo traçado o perfil dos conselhos de que precisa e considerado os fatores tempo, talento e tesouro, você está pronta para abordar seus potenciais conselheiros.

Pessoas que você conhece bem e com as quais já mantém um forte relacionamento são, em geral, fáceis de abordar para pedir ajuda ou orientação. Agora, a abordagem de pessoas que você não conhece ou que se encontram em posições superiores, e que em geral são muito ocupadas e dispõem de pouco tempo, pode exigir um bom planejamento. Veja a seguir algumas diretrizes básicas para você abordar seus conselheiros:

Quais são as realizações de que eles mais se orgulham? Muitas pessoas têm alguma coisa, uma qualidade ou conquista, que prezam. Pense na pessoa que pretende abordar e reconheça as coisas pelas quais ela sente grande satisfação. Lembre-se de que pode ser algo não relacionado à vida profissional. Por exemplo, o presidente de uma grande empresa de *software* pode ter orgulho, acima de tudo, das conquistas atléticas do filho portador da síndrome de Down. Nesse caso, você poderia abordá-lo como seu conselheiro para a área de trabalho voluntário, e não como o óbvio estrategista para ajudá-la a desenvolver as suas idéias em *software*.

O que você pode oferecer em troca? Em seu livro *The Irresistible Offer* [A Oferta Irresistível], o neozelandês Mark Joyner propõe o seguinte: "Um negócio não se realiza – de fato, nem começa – até que uma oferta seja feita. A questão imperativa nos negócios é essa: faça uma oferta".[51] Assim, mesmo ao solicitar algo a seus potenciais conselheiros, considere o que você pode oferecer em troca. Meu amigo Dean, e também meu conselheiro para assuntos relacionados à mar-

51. JOYNER, Mark. *The Irresistible Offer: How to Sell Your Product or Service in Three Seconds or Less*. Hoboken, Nova Jersey: John Wiley & Sons, 2005. p. 7.

ca pessoal, acabava de lançar o próprio negócio e, por isso, meus materiais seriam úteis para incrementar o seu portfólio.

Seja específica e sucinta ao solicitar orientação. Pessoas talentosas e ocupadas são, em geral, nossa primeira escolha ao planejarmos nosso conselho consultivo pessoal. A maneira de ganharmos seu tempo, tesouro ou talento é sermos muito específicas e sucintas em nosso pedido.

Como agradecer sua colaboração

Quando pessoas ocupadas são bastante generosas para lhe oferecer alguma coisa, como seu tempo, uma carta de recomendação ou idéias para seu próximo e grande empreendimento, jamais se esqueça de agradecer-lhes. E faça isso de uma maneira criativa, memorável, significativa e pessoal para elas.

Minha mentora, a especialista norte-americana em desenvolvimento de carreira Carole Hyatt, coleciona estojos para fósforos, para ela uma espécie de símbolo de seu trabalho – ou seja, encontrar o lugar certo para cada pessoa. Em sua sala, ela mantém muitos estojos lindos que as pessoas lhe enviaram de todas as partes do mundo como reconhecimento por tê-las ajudado a encontrar um ótimo lugar.

Gabriela Ferrari, que trabalha no departamento de estratégias de negócios da Nike, durante uma entrevista falou da maneira inspiradora como ela expressou seu reconhecimento a uma conselheira:

> Há muitas maneiras de agradecermos a ajuda de alguém – e devemos nos obrigar a isso, sempre. Para mim, a coisa mais importante é que o agradecimento seja oportuno e *pessoal*.
>
> Eu procurava uma certa promoção já havia algum tempo e quando finalmente a consegui, lembrei-me de uma pessoa do meu conselho

> pessoal que havia reservado um tempo em sua atarefada agenda para ouvir os desafios que eu enfrentava ao planejar minhas ações meses antes. Ela é uma linda mulher afro-americana que trabalha com diversidade global; assim, resolvi comprar a mais linda e exuberante orquídea que pude encontrar. Entreguei-lhe a flor com um cartão no qual agradecia sua orientação e apoio, que foram estratégicos para que as coisas acontecessem. Expliquei por que escolhi a orquídea – era linda e rara, assim como ela.
>
> Esse simples gesto a fez chorar. Então, ela me disse que o cartão e a orquídea não poderiam chegar em melhor hora, exatamente quando ela mais precisava ouvir que seu trabalho fazia diferença.
>
> Esse é um exemplo de que mesmo as pessoas mais importantes e bem-sucedidas do mundo precisam e apreciam ouvir que suas contribuições são valiosas para a vida dos outros.[52]

Presentes são uma boa idéia, porém não devemos minimizar o poder de uma simples e pessoal carta de agradecimento, escrita à mão. Em plena era do correio eletrônico, uma carta tradicional muitas vezes é recebida com uma agradável e inesquecível surpresa.

Em seu livro *A Letter Is a Gift Forever* [Uma Carta É um Presente Para Sempre], Florence Littauer fala dos tempos antigos, quando a arte de expressar agradecimento era ensinada a toda dama.

> No início do século XX, aprender a escrever uma carta de agradecimento fazia parte da educação de toda jovem. Como parte do refinamento social, toda moça era preparada para ter boas maneiras, sentar-se apropriadamente, bordar fronhas e toalhas e escrever cartas de agradecimento usando o papel correto com a caneta adequada.[53]

---

52. Gabriela Ferrari, entrevista com a autora, maio de 2006.

53. LITTAUER, Florence. *A letter is a gift forever: the charm and tradition of a handwritten note*. Eugene, Oregon: Harvest House, 2001. p. 55.

Presentes são uma boa idéia, porém não devemos minimizar o poder de uma simples e pessoal carta de agradecimento, escrita à mão.

Embora nem sempre eu use o papel e a caneta "adequados", tenho trabalhado com afinco a habilidade de expressar minha gratidão de uma maneira personalizada e criativa, a ponto de incorporar esse elemento à minha marca pessoal. Vejo esse tipo de expressão como um investimento que faço naqueles que valorizo e estimo.

Demonstrar agradecimento de uma maneira que fale profundamente ao coração de alguém é uma arte que você *pode* aprender e, eu sugiro, toda pessoa *deveria* aprender, já que muitas vezes recebemos valiosos presentes de pessoas que merecem nosso reconhecimento sincero.

Existem no mercado excelentes livros sobre o tema. Além do já citado, de Florence Littauer, há *Gift of a Letter* [Poder de uma Carta], de Alexandra Stoddard.[54] Ambos enfatizam que uma carta manuscrita é em si um pequeno presente, que todo mundo adora receber, embora raramente tenham tempo de dar.

Veja abaixo algumas diretrizes que costumo seguir ao expressar por escrito minha gratidão a meus conselheiros e às pessoas que respeito.

Mantenha o foco sobre eles. Em vez de enfatizar a si mesma ("Eu agradeço seu empenho..."), mantenha o foco no destinatário. Assim, você pode escrever: "O tempo que você investiu para me atender ao telefone esta manhã foi um verdadeiro presente; você é muito generoso e eu sou sinceramente grata por tudo".

54. STODDARD, Alexandra. *Gift of a letter*. Nova York: HarperCollins, 1991.

Seja específica. Em vez de escrever algo um tanto vago como: "Foi um prazer trabalhar com você", diga com exatidão o que recebeu. "Suas sugestões de nomes para pesquisa renderam-me ótimos contatos com especialistas na área (diga quais foram as pessoas)".

Evidencie a diferença que eles fizeram. Quando investimos nosso tempo, talento e tesouro, ficamos contentes ao saber o quanto esse investimento rendeu. Assim, ao expressar sua gratidão por tal investimento feito em você, mostre com clareza a seus "investidores" os rendimentos obtidos. Em vez de dizer: "Seu empenho fez muita diferença", prefira algo como: "Eu não teria encontrado as respostas de que precisava sem suas generosas observações e estímulo. Tenho agora quatro novos seminários planejados como resultado da orientação que você me deu".

Pense em uma nova área de interesse e identifique duas ou três pessoas que possam oferecer boas idéias, contatos e inspiração para ajudá-la a seguir em frente.

Se todas essas sugestões fizeram você se lembrar de um agradecimento que deveria ter sido feito mas não foi, reserve um momento e faça-o agora. Ouvimos histórias de professores que receberam cartas de seus ex-alunos anos depois, reconhecendo o impacto que eles causaram nas vidas de seus estudantes. Que presente maravilhoso deve ser esse, não importa quantos anos já tenham passado.

Para a escritora norte-americana Florence Littauer, "nunca é tarde para uma carta de agradecimento, mesmo que passem as estações, mudem as vidas, apaguem-se as lembranças. As palavras de um ente querido voltam no tempo e reconhecem a gratidão que uma vez foi esquecida".[55]

Nossa vida é tão ocupada e nossos compromissos exigem tanta atenção e esforço que mesmo dar um pequeno passo em direção a nossos sonhos se torna, muitas vezes, um grande desafio. Um conselho consultivo pessoal é uma ferramenta concreta e prática para promover relacionamentos de uma maneira gratificante para eles e inestimável para você.

Se a idéia de formar todo um conselho pessoal é intimidante demais, comece com apenas uma pequena comissão. Pense em uma nova área de interesse e identifique duas ou três pessoas que possam oferecer boas idéias, contatos e inspiração para ajudá-la a seguir em frente.

Certo tempo atrás, eu falava sobre a idéia de criar um conselho pessoal para um grupo de mulheres. Uma delas mencionou seu interesse de viajar para a Europa, afirmando que esse era um desejo que acalentava havia anos. Entretanto, ela sempre estava muito ocupada e, por isso, tinha dificuldades de transformar seu sonho em realidade.

Então, ela resolveu estabelecer uma Comissão de Exploração da Europa, que iria ajudá-la a pesquisar opções e a planejar sua primeira visita ao continente. Seu sonho não era especificamente relacionado a sua vida profissional, mas ele complementou seu trabalho abrindo espaço para a expressão de algo pessoal. Ao começar seu planejamento, ela descobriu que alguns colegas de trabalho poderiam fazer parte de sua comissão e contribuir para a realização de seu sonho.

55. LITTAUER. Op. cit., p. 61.

Dê a si mesma a oportunidade de mobilizar todas as pessoas que você conhece ou deseja conhecer de uma maneira estruturada e motivadora.

Não sei dizer se ela de fato fez sua viagem, mas posso imaginar o quanto ela se divertiu apenas sonhando e planejando, sem falar das pessoas interessantes com quem conversou e das idéias que ela descobriu, tudo isso apenas organizando uma pequena comissão.

Agora é a sua vez. Por onde você irá começar? Iniciar com uma pequena semente de uma idéia maior pode ajudá-la a formar sua primeira comissão e, mais tarde, todo um conselho. Pense no entusiasmo e na alegria que sentirá ao reunir todos os recursos necessários para atingir seus mais importantes planos e sonhos. Tudo isso leva mais tempo do que uma consulta em um mecanismo de busca, mas, como acontece com a internet, nossa busca também oferece uma riqueza de informações e recursos que jamais imaginamos que existiam.

Dê a si mesma a oportunidade de mobilizar todas as pessoas que você conhece ou deseja conhecer de uma maneira estruturada e motivadora. Assim, você irá chegar um pouco mais perto das pessoas que admira e dos recursos de que os seus sonhos precisam.

Realmente sou capaz de ser bem-sucedida como líder?

7

Todo ano eu uso o mesmo exemplo. Dou a cada jogadora uma vareta e peço que a enfeitem. Então, recolho todas as varetas, dou a vareta de uma pessoa para uma outra e digo: "Segurem firme a vareta em suas mãos e a quebrem". No início, elas ficam um pouco contrariadas. "Mas acabamos de enfeitar essas varetas." "Quebrem as varetas ao meio." Depois, distribuo fita adesiva e peço a todas que colem as duas metades de volta.

Sylvia Hatchell

Treinadora-chefe do time de basquete feminino da Universidade da Carolina do Norte, duas vezes premiada com o título de Treinador do Ano da Associated Press

No início da carreira, poucas pessoas incluem "ser um grande líder" em sua lista de objetivos. Posições de liderança costumam nos surpreender e, de repente, os outros nos olham procurando razões para seguir nosso comando.

Max Depree, um dos meus autores preferidos sobre o tema, muito apropriadamente chama a liderança de arte. Em seu livro *Liderar É uma Arte*(Best Seller/Círculo do livro), ele oferece *insights* que ajudaram a cultivar minhas teorias sobre a liderança no início da minha carreira.

> As pessoas são o coração e o espírito de todas as coisas importantes. Sem as pessoas, não precisamos de líderes. Os líderes podem se preocupar principalmente em deixar bens aos seus herdeiros institucionais ou podem ir além e capitalizar sobre a oportunidade de deixar um legado, um legado que leve em conta o lado mais difícil e valioso da vida, aquele que oferece um significado maior, mais desafios e mais alegrias na vida daqueles que os líderes governam.*

Ajudar aqueles que comando a encontrar alegria e satisfação, como diz Max, tornou-se um dos meus principais objetivos como líder. Tornou-se uma maneira de alcançar meu propósito maior de vida. É preciso tempo para desenvolver as competências para fazer isso bem, mas esse processo tem se mostrado surpreendentemente gratificante.

O desafio: como líder, é preciso maximizar a paixão e o potencial das pessoas

O processo pelo qual uma pessoa se torna um grande líder não é para os fracos. Mesmo assim, é animador saber que as competências necessárias para exercer a liderança podem ser desenvolvidas e não são reservadas apenas aos poucos que já nasceram com o talento.

O especialista em liderança Warren Bennis, que trabalhou com quatro presidentes norte-americanos e mais de 150 CEOs, além de escrever 27 livros sobre o assunto, é quem nos anima:

> O mito mais perigoso em liderança é aquele que diz que os líderes são natos – que existe um fator genético para a liderança. Esse mito

* Esta é uma tradução livre de DEPREE, Max. *Leadership Is an Art*. Nova York: Dell, Random House, 1990. p. 13. (N.E.)

afirma que as pessoas têm ou não certas qualidades carismáticas. Isso não faz sentido; de fato, a verdade é justamente o oposto. Os líderes são formados, não nascem prontos.

Se a liderança é uma arte e não temos de nascer líderes, cada pessoa deveria aspirar à liderança de alguma maneira – mesmo que seja apenas para melhor liderar a si mesma.

Sempre me lembrarei da minha primeira experiência formal na liderança. Após muitos anos em que trabalhei somente com um grupo de voluntários, finalmente eu me encontrava na posição de liderar uma equipe de três pessoas. Eu não sabia como administrar ou liderar, e a organização para a qual eu trabalhava não dispunha de ferramentas, técnicas e padrões necessários para que eu pudesse aplicá-los.

Por um certo tempo, trabalhei muito e experimentei. Mantinha reuniões semanais com a equipe porque isso me parecia a coisa certa a fazer. Também me reunia com cada um dos funcionários para estimulá-los individualmente, porque oferecer estímulo era uma atitude natural para mim.

Se a liderança é uma arte e não temos de nascer líderes, cada pessoa deveria aspirar à liderança de alguma maneira — mesmo que seja apenas para melhor liderar a si mesma.

Uma jovem da equipe não se mostrou muito receptiva a meu estilo de liderança. Estava bem claro que ela queria ser a líder e fazer as coisas à sua maneira. Cheguei a ouvir os rumores que circulavam no escritório sobre os sentimentos dela: "Lynette é o tipo de pessoa tensa e impaciente que eu não sou. Ela quer que eu seja igual a ela". Na verdade, eu apenas queria que ela fosse o tipo de pessoa que aceitasse orientações construtivas e se deixasse conduzir. Mesmo assim, suas críticas atingiram em cheio as inseguranças que eu tinha em relação às minhas responsabilidades. Eu me sentia perdida sobre o que fazer com ela e em geral.

Na mesma época, algumas amigas minhas também haviam assumido funções de liderança semelhantes. Sempre conversávamos sobre os desafios de liderar e administrar pessoas, até que tivemos a idéia de manter encontros quinzenais durante o café-da-manhã para discutir de modo aprofundado formas de desenvolver nossas habilidades de liderança.

Carol, Michelle, Gayle, Andrea e eu nos encontrávamos para o café-da-manhã a cada quinze dias, sempre às quartas-feiras, no Rick's Café American. Antes das reuniões, cada uma de nós lia um capítulo do livro *Liderança Baseada em Princípios* (Campus), de Stephen Covey, para podermos discutir suas idéias e, o mais importante, trocar as experiências que vivíamos no trabalho.

Cercadas de xícaras de café e guloseimas, compartilhávamos as práticas que funcionavam com nossas equipes e também as que não funcionavam. Ouvíamos os dilemas umas das outras e, então, debatíamos maneiras de melhorar resultados e relacionamentos. O conhecimento coletivo que aquele grupo construiu foi de inestimável ajuda.

Aprendi muito nesses encontros, às vezes em meio a lágrimas de frustração, mas sempre na companhia de muita inteligência e humor. Vejo agora que, em essência, estávamos orientando umas às outras. Muito embora estivéssemos basicamente no mesmo ponto em nossas carreiras e com idades semelhantes, cada uma ofereceu às demais *insights* e estímulo que causaram um impacto duradouro em nossa maneira de liderar.

Na ausência de pessoas que pudessem me orientar em minha organização, também recorri à seção de negócios e administração da livraria local. Então, passei a aplicar e experimentar o que lia. Por exemplo, quando li em Peter Drucker sobre a duração ideal das reuniões, não larguei mais o relógio e aprendi a organizar uma agenda mais eficiente.[56]

Quando aprendi com a escritora norte-americana Laurie Beth Jones sobre a importância de cada pessoa alinhar sua missão à missão da empresa, instituí o "dia da formação de equipe", que ajudaria cada um de nós a compreender nosso papel singular no grupo, nossos pontos fortes e fracos e como trabalhar juntos com mais energia e compromisso uns com os outros.[57]

Durante os dez anos que se seguiram, enquanto ainda esperava que meu líder ideal surgisse e me orientasse, dediquei-me a elaborar minhas ferramentas, teorias e técnicas de liderança. Alguns desses instrumentos funcionaram de modo excepcional e passaram a integrar meu *kit* de liderança. Outros falharam estrondosamente ou funcionavam apenas com certos tipos de pessoas.

Minha equipe cresceu, e cada novo funcionário me ajudou a aperfeiçoar minhas habilidades. Descobri que administrar pessoas é uma atividade intensa, mas que, quando bem executada, produz uma satisfação e uma sensação de recompensa como nenhum outro tipo de serviço.

---

56. DRUCKER, Peter. *The Effective Executive: The Definitive Guide for Getting the Right Things Done*. Nova York: HarperCollins, 2002. [No Brasil, o livro foi publicado pela Editora LTC com o título *O Gerente Eficaz*.]

57. JONES, Laurie Beth. *The Path: Creating Your Mission Statement for Work and for Life*. Nova York: Hyperion, 1998.

Nesse tempo, pude ver como a vida das pessoas se tornou mais rica, verdadeiramente. Seus rostos se iluminavam quando viam seus sonhos se transformarem de idéias remotas em ações prioritárias de seu trabalho cotidiano. As reuniões de equipe passaram de fardo tedioso a eventos interessantes. Os encontros individuais tornaram-se mais poderosos. Ao longo de uma década, as leituras, os debates e meu compromisso em desenvolver minhas competências me trouxeram confiança para administrar e liderar pessoas, tanto individualmente como em equipes.

A estratégia: coloque em prática ferramentas criativas para maximizar o potencial de cada pessoa da equipe

Um dos líderes mais bem-sucedidos que conheço é Sylvia Hatchell. Ela é a treinadora-chefe do time de basquete feminino da Universidade da Carolina do Norte, em Chapel Hill. Em 31 anos de carreira, ela ensinou jovens e talentosas jogadoras a se tornar grandes não apenas como indivíduos, mas também como equipes.

Conversamos um dia depois de ela ter recebido o título de Treinador do Ano da Associated Press [a associação norte-americana de imprensa] pela segunda vez. Evidentemente, ela conhece muito sobre liderança. Em nossa conversa, Sylvia falou sobre como desenvolve o trabalho em equipe.

> Converso sistematicamente com minhas jogadoras a respeito de trabalho em equipe e de unidade. Todas elas são excelentes jogadoras, mas seu sucesso é dez vezes maior quando trabalham em conjunto, uma ajudando a outra.

Todo ano uso o mesmo exemplo. Dou a cada jogadora uma vareta e peço que a enfeitem. Então, recolho todas as varetas e dou a vareta de uma pessoa para uma outra, e digo: "Segurem firme a vareta em suas mãos e a quebrem". No início, elas ficam um pouco contrariadas. "Mas acabamos de enfeitar essas varetas." "Quebrem as varetas ao meio." Depois, distribuo fita adesiva e peço a todas que colem as duas metades de volta.

Em seguida, digo a todas: "Agora, prestem atenção, não importa que os jornais ou seu pai e sua mãe digam que vocês são grandes jogadoras. Quando vocês estão sozinhas, podem ser quebradas facilmente; vocês estão vulneráveis". Então, pego todas as varetas, que já foram coladas. Uma por uma, coloco todas juntas em um feixe e digo: "Agora, a vareta de Camille está no meio do feixe; tentem quebrá-la". Ninguém consegue, é claro.

"Vocês são melhores quando trabalham juntas. Vamos supor que uma de vocês resolva sair por conta própria." Tiro uma vareta do feixe e a coloco de lado, então, retiro mais uma. "Agora, assim sozinha, você pode ser quebrada. Além disso, pense no que fez para o grupo; você o deixou mais fraco também. Vocês precisam confiar umas nas outras, não importa a situação."

Antes de cada jogo, ainda no vestiário, passamos esse conjunto de varetas de mão em mão. Depois o levamos para a quadra, onde fica ali ao lado de minha cadeira até o final do jogo, fazendo-nos lembrar que, acima de tudo, somos uma equipe.[58]

Todo líder enfrenta o desafio de formar e desenvolver uma equipe, sejam equipes de funcionários fixos ou de diferentes profissionais reunidos em torno de projetos específicos ou objetivos comuns.

O especialista em liderança John C. Maxwell, em seu livro *O Líder 360 Graus* (Thomas Nelson Brasil), explica o imperativo dessa competência hoje.

58. Sylvia Hatchell, entrevista com a autora, abril de 2006.

> Líderes produtivos sabem que "um" é um número muito pequeno para alcançar a grandeza... Nos anos 2000, a idéia dominante é a liderança de equipe. Considerando que liderar uma organização se tornou uma atividade tão complexa e multifacetada, a única maneira de superar a questão é desenvolver uma equipe de líderes. Acredito que as organizações irão melhorar muito à medida que desenvolverem equipes, porque a liderança é muito complexa. É possível que uma pessoa não consiga fazer uma única coisa bem, mas, mesmo assim, seja um bom líder. Você nem mesmo pode liderar em apenas uma direção – você precisa ter as competências para liderar para cima, através e para baixo![59]

Todo líder enfrenta o desafio de formar e desenvolver uma equipe, sejam equipes de funcionários fixos ou de diferentes profissionais reunidos em torno de projetos específicos ou objetivos comuns.

Em 22 anos trabalhando com empregados e administrando equipes, descobri três ferramentas que provaram ser altamente eficientes para motivar o trabalho em grupo. Eu as empreguei em pequenas e grandes equipes, em conselhos sem fins lucrativos e em grupos de voluntários. Além disso, ensinei-as a muitos outros líderes em seminários e cursos de curta duração, e às vezes servindo como facilitadora em grupos ainda não preparados para implementá-las sozinhos.

59. Tradução livre do original MAXWELL, John C. *The 360 Degree Leader: Developing Your Influence from Anywhere in the Organization*. Nashville: Nelson Business, 2006. p. 268.

Um desses grupos era de uma grande companhia farmacêutica com escritório central em Nova Jersey. Passamos um dia juntos, primeiro nos concentrando nos propósitos de cada pessoa, depois trabalhando com exercícios para a formação de equipes; por fim, procuramos alinhar as estratégias individuais e do grupo para ajudar cada um a alavancar suas competências e interesses em torno dos objetivos básicos da companhia. Eles se sentiram revigorados e motivados diante das novas possibilidades que descobriram nessa atividade, tanto como indivíduos quanto como equipe. Mais tarde, soube que eles ficaram agradavelmente surpresos em ver como os ensinamentos daquele dia permaneceram com eles por vários anos.

Para empresários e profissionais que trabalham em empresas de *marketing* de rede (uma crescente tendência que oferece uma combinação única de realização empreendedora, formação de equipe e flexibilidade de trabalhar onde e quando você quiser), essas ferramentas podem poupar muitas horas. Além de serem simples de compreender e implementar, elas produzem resultados consistentes e estimulantes.

Ferramenta 1: O dia da formação de equipe

O dia da formação de equipe é uma maneira inventiva de fazer as pessoas deixarem de lado as pressões do dia-a-dia para se concentrar em descobrir como seu propósito individual se encaixa nos objetivos mais amplos da organização. Esse dia, que acontece apenas uma ou duas vezes por ano, é capaz de efetivamente criar a mútua compreensão dos desejos e sonhos uns dos outros e mostrar à equipe como trabalhar melhor juntos em busca de objetivos comuns de negócios.

O dia da formação de equipe é uma maneira inventiva de fazer as pessoas deixarem de lado as pressões do dia-a-dia para se concentrar em descobrir como seu propósito individual se encaixa nos objetivos mais amplos da organização.

Existem várias formas de organizar esse dia. O exemplo de agenda que se segue foi aplicado por mim inúmeras vezes, sempre com excelentes resultados.

DIA DA FORMAÇÃO DE EQUIPE
EXEMPLO DE AGENDA

Hora	Atividade	Descrição	Logística
Manhã	***Conhecendo nossa equipe***		
8h–9h	Transporte até o local	Não se aplica	Alugar uma van – Diane organiza; informa à equipe quando e onde encontrar
9h–9h30	Chegada Café-da-manhã	Não se aplica	Sandra providencia a comida – pães, bolos, frutas e cereais; Lynette providencia café, sucos e leite; Sandra apóia Lynette no que for necessário

Hora	Atividade	Descrição	Logística
9h30–10h	Mensagem de boas-vindas (líder) Objetivos para o dia	Lista de objetivos para o dia exposta no *flip chart*	*Flip chart*, canetas, marcadores, blocos de papel – Sandra providencia
10h–11h30 (8 pessoas, 8-10 minutos cada) Fazer um breve intervalo quando necessário	Auto-revelação: apresentação do conteúdo da sacola preparada com antecedência: cada pessoa revela o que está em sua sacola e por quê. As pessoas podem fazer perguntas umas às outras	Conhecer a formação, os *hobbies* e interesses uns dos outros	Obter sacolas de compra de uma loja – Winnie pedirá a uma amiga Elaborar guia de instruções para a atividade – Lynette redige; Sandra imprime e organiza com as sacolas
11h30–12h30	Pontos fortes e fracos: cada pessoa expõe um ponto fraco de sua vida profissional; as demais identificam um ponto forte que vêem nessa pessoa	O colega à direita da pessoa da vez anota todos os comentários positivos e os entrega para ela após a atividade	Winnie providencia cartões e envelopes coloridos
12h30–13h00	Almoço	Não se aplica	*Pizza* encomendada para ser entregue; Christine providencia as bebidas; Sandra apóia Lynette no que for necessário

Hora	Atividade	Descrição	Logística
Tarde	***Propósito / objetivos / visões***		
13h–13h30	Cada pessoa expõe um ou dois objetivos que tem para sua vida pessoal ou profissional	Bases para os objetivos da equipe	Anotações individuais
13h30–15h	Identidade e serviços: Quem é (nome da organização) hoje, no próximo ano, em cinco anos? Objetivos financeiros: hoje, no próximo ano, em cinco anos	Discussão do propósito corporativo, nossa visão, nossos serviços, clientes que queremos ter, nossos pontos fortes e fracos como grupo, prêmios e reconhecimento que desejamos conquistar	Uma pessoa indicada para tomar notas no *flip chart* ou registrar idéias no *laptop*
15h–15h15	Intervalo		Queijos, biscoitos, frutas – Sandra providencia
15h15–15h45	Propósito individual Papéis e responsabilidades	Baseada nos objetivos da equipe, discussão do nosso propósito individual e dos	Uma pessoa indicada para tomar notas no *flip chart* ou registrar idéias no *laptop*

Hora	Atividade	Descrição	Logística
		papéis necessários, quem é melhor em quais papéis, como as funções no trabalho sustentam o propósito, os objetivos e os pontos fortes	
15h45–16h	Benefícios: de que outras coisas precisamos para sermos bem-sucedidos?	Atividades extras a serem acrescentadas ao orçamento (por exemplo, que tipos de treinamento, viagens, lazer?)	A mesma
16h–16h30	Valores e atributos	Considerando os objetivos, quais valores escolheremos abraçar ao longo do caminho, com nossos clientes e entre os membros da equipe?	A mesma

Hora	Atividade	Descrição	Logística
16h30–18h	Encerramento, limpeza e organização, retorno ao escritório		
18h30–20h30	Jantar	Reflexões sobre o dia, diversão	Sandra providencia reserva em um restaurante

Muitas organizações gastam montanhas de dinheiro e contratam consultores externos para atuar como facilitadores para esse tipo de atividade. Tendo participado de muitas sessões como essas ao longo dos anos e dirigido eu mesma outras tantas, cheguei à conclusão de que esse modelo de agenda, quando dirigido pelo líder da equipe (ideal) ou por um membro da equipe com habilidades de facilitador, traz resultados mais impactantes sem um grande investimento.

Complementando a agenda acima, veja a seguir alguns indicadores que podem fazer desse dia um sucesso.

Tamanho da equipe. O tamanho de cada equipe irá variar, e o dia da formação de equipe pode ser adaptado para qualquer número de pessoas. Para obter o máximo de resultado, o tamanho ideal é de cinco a oito pessoas. Esse número permite que todos participem e interajam ativamente. Para grupos que excedam esse tamanho, recomendo dividir a equipe em unidades de cinco a oito pessoas e realizar a atividade com cada uma em dias diferentes. Além disso, é preciso que o membro mais qualificado de toda a equipe participe de todos os dias da atividade para servir de ligação entre os grupos e assegurar que os pontos de discussão comuns sejam incluídos em todas as sessões. De volta ao escritório, uma sessão adicional com toda a equipe reunida pode ser valiosa para que os grupos troquem suas experiências, de maneira que uma compreensão coletiva sobre o propósito possa ser definida e articulada.

Programação. O dia da formação de equipe deve ser programado com bastante antecedência para garantir que todos os membros da equipe estejam presentes. Dependendo do tamanho da equipe, isso pode ser um desafio, que depende ainda da possibilidade de outros funcionários cobrirem o trabalho durante o tempo em que a equipe estiver fora. Mesmo assim, é crucial que cada pessoa da equipe participe, mesmo se isso implicar a contratação de um trabalhador temporário para cobrir o serviço no escritório.

Local e horário. O dia da formação de equipe ideal é realizado fora do escritório, em um lugar confortável e longe da rotina diária. Acredito que uma residência pessoal é imbatível em termos de conforto e relaxamento. Nem todo líder de equipe se sentirá bem fazendo isso, e as alternativas são ilimitadas. A atividade pode ser realizada em um *resort*, em uma suíte de hotel e até mesmo ao ar livre (por exemplo, já realizei uma parte do evento em pleno Central Park, em Nova York). O importante é que o local seja confortável e relaxante, sem mesas e outros móveis que sugiram a idéia de trabalho. Quando as pessoas discutem os importantes porquês da vida, o ambiente é um elemento-chave para maximizar o processo.

Em geral, o dia começa na mesma hora de um dia normal de trabalho ou talvez um pouco mais tarde, dependendo da distância do local. Um dia inteiro de atividades funciona melhor, permitindo um bom tempo para discussão e interação. Já tentei comprimir a agenda em um tempo menor, mas isso comprometeu significativamente os resultados pretendidos. A agenda, da forma como está apresentada, é uma combinação testada de desenvolvimento pessoal, visão corporativa e exercícios práticos que dirigem a equipe por um caminho centrado no propósito.

Quando as pessoas discutem os importantes porquês da vida, o ambiente é um elemento-chave para maximizar o processo.

Papel do líder. Se você é gerente ou líder de sua equipe, recomendo que atue pessoalmente como facilitadora da atividade, se puder. Nem todo líder se sente bem ou preparado para esse tipo de papel e, nesse caso, você pode pedir a outra pessoa de sua equipe que a ajude nesse trabalho, enquanto você participa de modo ativo dos exercícios ao longo do dia. É essencial que as pessoas que você lidera a vejam como uma líder honesta e aberta para ouvi-las de verdade, em um esforço de construir relações de confiança e simpatia entre todos na equipe.

Atividades do dia da formação de equipe

Exercício de auto-revelação. A agenda de atividades começa com um exercício do tipo "vamos nos conhecer uns aos outros". Esse exercício exige que cada participante se prepare com antecedência. Mesmo os grupos que trabalham juntos há bastante tempo consideram esse exercício revelador, estimulante e divertido. Cada membro da equipe recebe uma sacola de papel na qual deve colocar objetos que representem sua personalidade, história, seus gostos, sonhos. Cada um pode fazer uma colagem ou uma caixa específica para esse exercício, ou reunir uma coleção de itens. Muitas vezes, a criatividade nesse exercício é tanta que chega a surpreender.

Um indivíduo que conheço fez biscoitos de açúcar cortados e decorados no formato dos seus objetos favoritos, incluindo um avião, flores e a Torre Eiffel. Uma mulher escolheu ingredientes para uma salada e explicou como cada ingrediente representava um aspecto de sua vida. Ela chegou a escrever uma "receita para o sucesso", que leu enquanto preparava a salada, a qual, mais tarde, foi servida no almoço. Na página seguinte, você encontrará um guia com instruções que deve ser distribuído aos participantes com a sacola, uma semana antes da data marcada para a atividade.

Guia de instruções especiais para o exercício de auto-revelação

(Distribuir este guia uma semana antes do dia da formação de equipe)

Na próxima semana, iremos realizar nosso dia da formação de equipe em... (mencionar o local). Um dos objetivos do evento é conhecer cada membro da equipe em um nível mais pessoal do que temos a oportunidade de fazer no ambiente de trabalho no dia-a-dia.

Em preparação para o primeiro exercício desse dia, por favor, escolha e coloque em uma simples sacola de compras objetos que irão ajudar seus colegas a conhecer você um pouco melhor. Você pode colocar na sacola uma série de objetos que já possui, como fotografias, prêmios, lembranças favoritas ou qualquer coisa que represente aspectos de sua vida que você gostaria que os outros conhecessem. Ou você pode criar alguma coisa completamente nova e especial para esse exercício, como uma colagem ou uma série de frases que revele um pouco quem você é.

Pessoas que já participaram dessa atividade fizeram biscoitos no formato das coisas de que mais gostavam, ou encheram a sacola com vários pares de sapatos que simbolizavam diferentes aspectos de sua biografia, ou cantaram canções ou leram poemas que escreveram sobre suas vidas, e assim por diante. A idéia aqui é usar a criatividade, lembrando que as coisas que escolher e a maneira como irá apresentá-las ajudarão todos a conhecer você melhor.

Você terá cerca de oito minutos para expor e explicar o conteúdo de sua sacola. Divirta-se e aproveite bem o processo de preparação para nosso dia da formação de equipe.

Pontos fortes e pontos fracos. Trabalhar com um propósito comum é quase impossível sem um alto nível de confiança entre a equipe. Essa segunda atividade do dia tem por objetivo construir confiança e unidade no grupo por meio de um simples mas poderoso exercício.

Cada pessoa, em sua vez, escolhe e descreve para o grupo um ponto fraco em sua vida. Pode ser, por exemplo, a tendência a reagir de modo exagerado quando sob pressão ou o medo diante de alguma coisa nova. Após a breve descrição da fraqueza, os demais irão indicar um ponto forte que reconhecem nessa pessoa, enquanto um membro do grupo anota todos os comentários.

Ao anunciar o ponto forte, quem fala deverá olhar para a pessoa em questão e se referir diretamente a ela, e não ao grupo como um todo. Por exemplo, em vez de dizer: "O que admiro em Cathy é a atenção verdadeira que ela dá a todos", a pessoa que fala poderia dizer: "Cathy, o que admiro em você é a atenção verdadeira que dá a todo mundo".

A força deste exercício reside justamente no fato de ele começar com a identificação dos pontos fracos, coisa que muitas pessoas fazem com freqüência. Mesmo se parecermos ser muito fortes, todos nós lutamos contra sentimentos de inadequação. Já quando ouvimos alguém apontar a fraqueza que vemos nela e consideramos um péssimo comportamento, passamos a nos sentir mais solidários ao percebermos que ela mesma é capaz de reconhecer sua falta.

Quando a um ponto fraco contrapomos afirmações positivas, começamos a relevar nossas mútuas fraquezas e a dar espaço para nossos pontos fortes. Toda vez que aplico esse exercício, os resultados mostram um grande impacto, aumentando os níveis de confiança entre as pessoas, que permanecem elevados por muito tempo depois do evento.

Propósito e missão. Essa terceira atividade do dia começa após o almoço, em geral. Inicialmente, cada pessoa define um ou dois objetivos para sua vida pessoal ou profissional no ano seguinte. Essa etapa deve levar de um a dois minutos. Se os membros de sua equipe redigiram uma declaração de propósito, como discutido no capítulo 1 deste livro, essa é a hora de compartilhar seus objetivos com todo o grupo.

Em seguida, os objetivos da equipe passam a ser o foco da discussão. Essa etapa pode começar com uma visão geral do propósito e da missão da organização, seguida por um debate sobre os propósitos e a missão da equipe, sempre à luz da missão organizacional. O líder da equipe deve preparar com antecedência os dados necessários e os temas que embasarão os debates e usar esta sessão para solicitar sugestões e contribuições de todos em busca de um propósito e objetivos comuns. Os tópicos discutidos devem ser registrados em um *flip chart*, por exemplo, ou em outro meio qualquer, para que as pessoas possam se referir a eles durante a discussão.

Propósito, papéis e responsabilidades individuais. Agora que o propósito e a missão corporativos foram discutidos e compreendidos, e com base nos exercícios anteriores que ajudaram todos a conhecer os talentos e as capacidades de cada um da equipe, é hora de formular o propósito de cada pessoa relacionando-o ao seu papel no trabalho.

É nessa etapa que cada indivíduo começa a perceber com maior clareza como seu histórico de vida, suas qualificações e seus pontos fortes, em conjunto com seu propósito de vida e seus objetivos pessoais, configuram, de maneira singular, seu papel na equipe.

Valores e atributos. Uma atividade adequada para encerrar o dia é a discussão dos valores e atributos pelos quais a equipe deseja ser reconhecida na organização. Essa lista deve ser sucinta e compreender os atributos mais representativos da maneira como a equipe trabalha em conjunto na busca por seus objetivos. Uma equipe de profissionais de *marketing* com a qual trabalhei escolheu os seguintes atributos: estratégica, indispensável e em busca da excelência. Eles confeccionaram cartões com esses atributos e os afixaram em suas mesas como lembretes constantes da maneira como fazem seu trabalho.

Possíveis atividades adicionais. O dia da formação de equipe, como apresentado aqui, é um evento cheio de atividades, mesmo assim é possível incluir outras especialmente desenvolvidas para sua equipe e organização. Por exemplo, a agenda inclui uma sessão para discutir os benefícios que a equipe gostaria de ter, como treinamento ou viagens, a fim de melhorar seu desempenho em busca de seu propósito maior.

A agenda proposta aqui pode ser adaptada, mas lembre-se de que essas atividades, na ordem recomendada, foram amplamente testadas e aperfeiçoadas sempre objetivando alcançar os melhores resultados.

Ferramenta 2: Reuniões individuais e de equipe

Em um esforço contínuo de construir uma cultura baseada em um propósito, aprendi que reuniões de equipe acompanhadas de encontros individuais com líderes-chave são essenciais. Em seu clássico livro *O Gerente Eficaz* (LTC), Peter Drucker explica a questão da seguinte maneira:

> Gastar apenas alguns minutos com as pessoas não é produtivo. Se alguém quiser algum esclarecimento ou levantar alguma questão, será preciso gastar bastante tempo. O gerente que pensa que pode discutir os planos, a direção e o desempenho de um de seus subordinados em quinze minutos – e muitos acreditam que podem – está iludindo a si mesmo. Se alguém quiser causar um impacto, provavelmente precisará de pelo menos uma hora e, em geral, muito mais do que isso.[60]

Reuniões com toda a equipe, acompanhadas de encontros individuais, exigem um bom investimento de tempo, mas são fundamentais para garantir que a energia e as conquistas obtidas no dia da formação de equipe sejam incorporadas ao dia-a-dia da cultura da organização. Faço reuniões regulares com os líderes-chave de minha equipe e eles, por sua vez, reúnem-se com os seus. Em certos casos, essas reuniões são realizadas uma vez por semana e, em outros casos, a cada quinze dias. O nível de motivação e concentração da equipe tende a diminuir exponencialmente com uma freqüência inferior a cada duas semanas.

A freqüência dos encontros pode variar de acordo com o nível de interação diária entre os membros de uma equipe. É o caso, por exemplo, das grandes corporações mundiais, cujas equipes podem estar espalhadas por vários países.

Esse é o caso de Gabriela Ferrari, líder de equipe na Nike, que trabalha com equipes virtuais em todo o mundo. Ela compartilha conosco seus desafios.

> Como líder de equipe, seu papel é ser um facilitador e um comunicador com o objetivo de disseminar informações e obter resultados.

---

60. DRUCKER, P. Op. cit., p. 29.

Seu desafio é motivar e ser o elo que mantém todos juntos; você precisa continuamente estar em contato com os vários membros de sua equipe espalhados por todo o mundo.

É essencial adequar sua abordagem às necessidades culturais da equipe. O mundo coporativo hoje é baseado no desenvolvimento de projetos, assim minhas equipes trabalham em projetos de porte com prazos definidos. Nunca há tempo suficiente para fazer tudo o que é preciso.

Um dos aspectos mais característicos do trabalho é o prazo. Trabalhar com prazos é um motivador comum e considerado apropriado. Entretanto, em projetos globais, precisamos ser muito cuidadosos em relação às diferenças culturais. Diferentes equipes têm abordagens variadas quanto a trabalhar nos finais de semana, a horas extras etc. Por exemplo, na Europa não se trabalha como nos Estados Unidos. Lá, a visão dominante é algo como "meu tempo é meu tempo". Assim, se você não levar essas diferenças em consideração, perderá o compromisso e a dedicação da equipe.

Já no caso de nossas equipes na Ásia, precisamos dar-lhes tempo para explicar objetivos e colocar os prazos no meio. Elas tendem a ser mais consultivas e focadas no processo, bastante pontuais nos prazos, mas seu processo de trabalho é diferente. Se você possibilita às suas equipes desenvolver seus processos, elas lhe darão os resultados de que precisa.

A confiança é a chave para alcançar resultados. Nenhuma equipe ou organização é capaz de fazer o que suas pessoas não podem. Devemos constantemente engajar as pessoas – esse é um dos principais desafios da liderança nos dias de hoje.[61]

61. Gabriela Ferrari, entrevista com a autora, maio de 2006.

Não importa se sua equipe se encontra no final do corredor ou espalhada pelo mundo afora, os resultados essenciais provêm de reuniões em que todos relatam suas atividades e você, como líder, deixa claro que mesmo as tarefas mais simples são importantes contribuições para atingir um propósito maior.

Essa mesma reafirmação de propósito deve ser a tônica dos encontros individuais com os líderes-chave. Essa também é uma oportunidade para você acompanhar discretamente as atividades e desafios de seus subalternos diretos, bem como para discutir com cada um deles como essas atividades contribuem para a realização de seus objetivos e aspirações pessoais.

Os resultados essenciais provêm de reuniões em que todos relatam as suas atividades e você, como líder, deixa claro que mesmo as tarefas mais simples são importantes contribuições para atingir um propósito maior.

Uma experiência inesquecível me convenceu da importância dessa prática. Na ocasião, eu tinha quatro profissionais em minha equipe e costumava me reunir com três deles semanalmente. O quarto profissional era responsável pelo departamento de contabilidade e, considerando que ele não possuía muitas informações novas para apresentar toda semana, presumi que ele acharia as reuniões individuais repetitivas e talvez até frustrantes, tendo em vista o grande volume de trabalho que dependia de seu tempo.

O que eu não sabia é que, enquanto os três outros membros da equipe se sentiam extremamente motivados e estimulados com nossas reuniões, encontrando um forte sentido de propósito em seu trabalho, ele recebia a proposta de outra companhia com promessas de mais oportunidades e promoção.

Ele aceitou o novo emprego, mas descobriu que não era tudo o que esperava. Não muito tempo depois de assumir seu novo posto, ele deixou a companhia para se juntar ao Corpo de Voluntários da Paz, ainda em busca de um sentido de propósito para sua vida. Com isso, aprendi a reconhecer a vital importância das reuniões individuais regulares para reafirmar a cada membro como sua colaboração é importante e única para a equipe.

Dicas para realizar reuniões eficientes

Toda equipe é diferente, por isso, o conteúdo das reuniões pode variar bastante de equipe para equipe e de pessoa para pessoa. Apesar disso, existem alguns princípios gerais que podem ser aplicados à organização de reuniões de equipe eficientes:

- Comece na hora marcada.
- Prepare uma pauta de discussão.
- Peça a cada membro da equipe que prepare um breve resumo de seus projetos em andamento (de três a cinco minutos, ou um pouco mais dependendo do tamanho do projeto).
- Convide o grupo para debater questões quando necessário, mas não permita que ninguém monopolize o tempo.
- Reserve algum tempo, mesmo que breve, para tratar de temas gerais.
- Encerre a reunião na hora marcada para seu término.

No caso de reuniões individuais, permita que os funcionários organizem uma pequena pauta com a lista de assuntos que gostariam de discutir. Eu uso essa lista para tomar notas, que guardo em meu arquivo. No final do ano, esse arquivo me oferece muitas informações que utilizo para avaliar seu trabalho e desempenho.

Ferramenta 3: Avaliação dos funcionários

Certa vez, um de meus líderes favoritos disse-me: "É preciso *in*specionar suas *ex*pectativas". Desenvolver uma cultura com propósitos pode começar com um estrondoso dia da formação de equipe, mas se os mecanismos para medir e avaliar seus resultados não forem incorporados ao processo, com o passar do tempo esse sentido de propósito começa a se apagar. Dias da formação de equipe e reuniões regulares de acompanhamento ajudarão a manter viva a idéia do propósito, mas é o processo de avaliação dos funcionários a ferramenta que garantirá o resultado que se espera. A avaliação mostra a cada pessoa que o desempenho individual não é apenas bom, mas essencial, algo que será reconhecido e recompensado ano após ano.

Dias da formação de equipe e reuniões regulares ajudarão a manter viva a idéia do propósito, mas é o processo de avaliação dos funcionários que garantirá o resultado que se espera.

Grandes organizações costumam contar com ferramentas e processos rigorosos tanto para estabelecer objetivos como para avaliar resultados. Se sua companhia não dispõe dos mesmos recursos, aqui estão dois modelos usados para a avaliação de funcionários que podem funcionar bem e incorporar a linguagem do propósito ao seu dia-a-dia profissional. Esses modelos podem ser adaptados a seus materiais já existentes e incorporados aos processos regulares de avaliação da sua organização.

Observações sobre a avaliação de funcionários

- O objetivo da avaliação é oferecer uma oportunidade privada e dirigida para que supervisor e funcionário discutam abertamente sua relação e seus mútuos propósitos e objetivos dentro da organização. Trata-se de uma excelente oportunidade para reafirmar a contribuição única que o funcionário traz para a organização, bem como para estimular sua lealdade à organização e a seu chefe.
- Comunique ao funcionário, desde sua contratação, que ele será submetido a avaliações periódicas. Forneça-lhe os formulários para que ele possa compreender os critérios.
- Faça a primeira avaliação aos seis meses e quando ele completar um ano de serviço; depois disso, basta uma avaliação anual. Modifique levemente a segunda avaliação para ajustar detalhes. Concentre-se mais na visão e na expansão das responsabilidades do funcionário.
- Honestidade, franqueza e comprometimento são essenciais para construir confiança e lealdade mútuas.
- O supervisor preenche o formulário; o funcionário preenche o formulário. Depois da avaliação, cópias dos dois formulários devem ser guardadas no arquivo do funcionário.

- Leve o funcionário para almoçar em um lugar sossegado. Reserve pelo menos duas horas para o almoço e para o processo de avaliação.
- O supervisor começa lendo os critérios e indica o nível de avaliação. O funcionário aponta seu próprio nível. Ambos lêem seus comentários.
- O supervisor deve responder com franqueza ao *feedback* do funcionário, de maneira que ambos compreendam por completo o propósito e o compromisso um do outro de melhorar o ambiente de trabalho e alcançar os objetivos pessoais.

MODELO 1

(Nome da companhia)

Relatório de avaliação de funcionário

RELATÓRIO DE AVALIAÇÃO DE FUNCIONÁRIO

Funcionário:

Cargo:

Supervisor:

Período avaliado:

Data de hoje:

	Excelente	Bom	Regular	Fraco
1. Hábitos pessoais	☐	☐	☐	☐
Comentários: ______				
2. Freqüência e pontualidade	☐	☐	☐	☐
Comentários: ______				
3. Aceita responsabilidades	☐	☐	☐	☐
Comentários: ______				
4. Atitude	☐	☐	☐	☐
Comentários: ______				
5. Discernimento	☐	☐	☐	☐
Comentários: ______				
6. Comunicação verbal	☐	☐	☐	☐
Comentários: ______				
7. Comunicação escrita	☐	☐	☐	☐
Comentários: ______				
8. Qualidade do trabalho	☐	☐	☐	☐
Comentários: ______				
9. Relação com a equipe	☐	☐	☐	☐
Comentários: ______				
10. Relação com clientes/público	☐	☐	☐	☐
Comentários: ______				
11. Receptivo a orientação/crítica	☐	☐	☐	☐
Comentários: ______				
12. Receptivo a diferenças individuais	☐	☐	☐	☐
Comentários: ______				

Comentários do funcionário:

Comentários do supervisor:

Usando uma ou duas frases, escreva sua declaração de propósito pessoal com relação a seu cargo.

Relacione cinco qualidades/características que você gostaria que as pessoas usassem ao se referir a você em seu cargo atual.

Indique seus objetivos pessoais/profissionais para os próximos três anos.

De que maneira seu cargo de (indicar o título do cargo) pode ser modificado, ampliado ou aperfeiçoado para maximizar os objetivos indicados acima?

Indique de que maneira (título da pessoa que avalia) pode melhorar o estilo de gestão e as formas de comunicação e/ou fazer outras mudanças com o objetivo de promover um ambiente de trabalho mais produtivo e positivo.

Qual é sua visão para o cargo de (título do cargo) nos próximos três anos? Como você gostaria que o cargo se desenvolvesse, incluindo a expansão dos programas em andamento ou o acréscimo de novos?

MODELO 2

(Nome da companhia)
Relatório de avaliação de funcionário

AVALIAÇÃO ANUAL

Funcionário:

Cargo:

Supervisor:

Período avaliado:

Data de hoje:

	Excelente	Bom	Regular	Fraco
Geral e pessoal				
Compromisso com propósito e missão da organização	☐	☐	☐	☐
Habilidades comunicativas				
Escrita	☐	☐	☐	☐
Verbal	☐	☐	☐	☐
Representa a organização para clientes/público	☐	☐	☐	☐
Trabalha em harmonia				
Com a equipe	☐	☐	☐	☐
Com voluntários	☐	☐	☐	☐

Gerencial				
Planeja, organiza e coordena programas	☐	☐	☐	☐
Atenção a detalhes e acompanhamento	☐	☐	☐	☐
Assiste comissões, participando de reuniões, fornecendo dados etc.	☐	☐	☐	☐
Redige relatórios e mantém registros com precisão	☐	☐	☐	☐
Mantém a direção informada de potenciais problemas	☐	☐	☐	☐
Relaciona-se com voluntários para manter sua lealdade à organização	☐	☐	☐	☐

Profissional				
Aceita sugestões e críticas e faz as mudanças apropriadas	☐	☐	☐	☐
Oferece sugestões objetivamente	☐	☐	☐	☐
Conhece normas e tradições da organização	☐	☐	☐	☐
Respeita a estrutura organizacional e as linhas de comunicação	☐	☐	☐	☐

Comentários gerais sobre os itens anteriores

Escreva seu propósito pessoal relativo a seu cargo.

Indique seus três objetivos pessoais mais importantes para o próximo ano.

Indique seus três objetivos profissionais mais importantes para o próximo ano.

Quais mudanças precisam ser feitas na estrutura de seu atual cargo para tornar mais fácil alcançar seu propósito e seus objetivos pessoais e profissionais?

No seu ambiente de trabalho, de quais recursos extras você precisa para cumprir melhor suas responsabilidades (por exemplo, pessoal, equipamento, reestruturação do tempo ou das atribuições etc.)?

Descreva sua visão a respeito da estrutura organizacional e indique maneiras de melhorar a comunicação.

Se você tiver outras sugestões, críticas ou idéias que precisem ser discutidas, por favor, indique-as.

Não há dúvida de que liderar pessoas é um dos mais difíceis, e mais gratificantes, aspectos do trabalho. No início de minha carreira, achei a função muito penosa; hoje, mais de vinte anos depois, penso que esse é o elemento mais recompensador de tudo que já conquistei.

Alguns anos atrás, um de meus funcionários na Deloitte era um rapaz chamado Spencer Wood, um jovem talentoso cuja capacidade claramente excedia suas atribuições e que trabalhava muito para encontrar seu lugar na empresa. Ele mergulhou de cabeça nos dias da formação de equipe e nas reuniões gerais. Nossos encontros individuais eram estimulantes para nós dois. As descobertas que ele fez durante aqueles poucos anos ajudaram-no a realizar um de seus maiores sonhos, o de começar a Icebox Athlete, uma empresa dedicada ao treinamento de atletas – um empreendimento que lhe trouxe muito sucesso e uma companhia em crescimento. Uma vez, Spencer disse-me: "Lynette, as sementes desse sonho que estou vivendo começaram a germinar na época em que fiz parte de sua equipe. Aquelas nossas experiências cultivaram e regaram minhas idéias, dando-me confiança para viver meu propósito de uma maneira mais proativa".

Quando ouço coisas como essa, sinto que toda a energia e o tempo despendido em uma liderança eficiente valem a pena, e descubro uma nova motivação para seguir o modelo de uma grande liderança, como Peter Drucker sugere: "Liderança é elevar o olhar de uma pessoa a vistas mais altas, aumentar o desempenho de uma pessoa a um nível mais alto, construir uma personalidade além de suas limitações".[62]

Líder é uma pessoa que encontra uma surpreendente alegria na vida ao comemorar as realizações daqueles que lidera.

---

62. Peter Drucker citado em ZAADZ. *Quotes about limitations*. Disponível em: <http://www.zaadz.com/quotes/topics/limitations?size=grande>. Acesso em: 20/8/2008.

De posse de algumas ferramentas que ofereço aqui, ou de outras que funcionam bem para você, chame a si mesma de líder, não importa o estágio em que esteja na sua carreira. Não se preocupe em ser perfeita – lembre-se de que nos aperfeiçoamos à medida que lideramos. Leia tudo o que puder dos melhores especialistas no tema, e aprenda com os conhecimentos e os erros deles. Torne-se eficiente com apenas umas poucas ferramentas; aproprie-se delas e incorpore-as a sua marca de liderança. Esteja disposta a aprender com aqueles que lidera. Pergunte-lhes: "Como estou me saindo?" e "Em que posso melhorar?".

No final do dia, avalie seu impacto como líder não simplesmente pelos resultados que sua equipe atingiu, mas também pelo crescimento de cada um de seus membros como um indivíduo. Reflita sempre sobre isso e, ao fazê-lo, você lhes dará mais uma lição sobre liderança – líder é uma pessoa que encontra uma surpreendente alegria na vida ao comemorar as realizações daqueles que lidera.

8

Quem, eu? Falar em público?

No mercado global de hoje, os desafios da comunicação são maiores do que jamais foram. Foi o que a Associação Norte-Americana de Leite e Laticínios concluiu quando resolveu levar sua campanha "Got Milk?" ["Tem Leite?"] – de grande sucesso nos Estados Unidos – ao México e descobriu que a tradução do slogan *para o espanhol soava como "Você está amamentando?".*

Se existe alguma qualificação capaz de abrir mais portas do que qualquer outra, essa é a habilidade de falar com naturalidade e confiança a qualquer hora, com qualquer pessoa, em qualquer lugar.

Nem todo mundo fala para grandes audiências, mas todos nós falamos todos os dias. A norte-americana Carla Kimball, que orienta executivos na arte de falar em público há duas décadas, explica como essa habilidade pode ser importante.

> Falar em público exige capacidade de se expressar e de se relacionar com os outros. Não se trata apenas de ficar em pé em uma tribuna e discursar para uma grande audiência. Trata-se também de saber exprimir-se em reuniões, comunicar-se de forma eficiente com clientes e responder a questões complicadas apresentadas por colegas de equipe e superiores. Trata-se de ser capaz de transmitir idéias com

> eficiência ao telefone, cara a cara e a pequenos e grandes grupos de pessoas. Por fim, trata-se da habilidade de influenciar e inspirar os outros e de produzir mudanças.[63]

Falar não é apenas parte do nosso dia-a-dia, mas, de acordo com a norte-americana Patricia Fripp, a primeira mulher a assumir a presidência da Associação Nacional de Oradores dos Estados Unidos, que conta com mais de 4 mil membros, falar também é uma excelente maneira de imprimir credibilidade a seus negócios.[64]

O medo de falar diante de um grupo de pessoas ainda está em primeiro lugar entre os dez maiores medos da população norte-americana em geral (maior do que o medo de altura, de voar e de morrer).[65] Apesar desse medo tão comum de falar em público, existem maneiras de desenvolver essa importante habilidade e torná-la um recurso de negócios bastante eficiente.

Carla me contava uma vez a respeito de uma jovem que era como muitas mulheres que progridem rapidamente na carreira. Ou seja, elas assumem posições de comando e têm de se relacionar com pessoas mais velhas do que elas, até mesmo supervisionando-as. Como resultado, essas mulheres se sentem inseguras quando têm de se apresentar. Carla trabalhou com aquela jovem em uma apresentação que ela faria para toda a companhia. Quando, por fim, a jovem fez sua apresentação, em vez de se apoiar em *slides* (como muitas pessoas fazem quando não têm confiança suficiente), ela adotou um estilo

---

63. Carla Kimball, entrevista com a autora, abril de 2006.

64. FRIPP, Patricia. Add credibility to your business reputation through public speaking. Fripp.com. Disponível em: <http://fripp.com/art.addcred.html>. Acesso em: 20/8/2008.

65. *The book of lists*, citado em LeadershipSpeaking.com. *Overcoming the Fear of Public Speaking*. Disponível em: <http://www.leadershipspeaking.com/speaker_fear.htm>. Acesso em: 20/8/2008.

focado no público, baseado em uma agradável conversa. Com isso, recebeu um *feedback* bastante positivo de seu chefe e dos outros.

Como muitas outras habilidades pessoais e profissionais, falar em público é algo que melhora com a prática. Quanto mais você falar, melhor você será e, portanto, menor será seu medo à medida que você se tornar mais confiante.

O que Carla ensina a seus clientes – e que eu também descobri como palestrante – é que, como muitas outras habilidades pessoais e profissionais, falar em público é algo que melhora com a prática. Quanto mais você falar, melhor você será e, portanto, menor será seu medo à medida que você se tornar mais confiante.

O desafio: comunicar-se de maneira impactante e inesquecível

Não me lembro desde quando eu quis ser uma palestrante, mas as minhas visões mais antigas são mais ou menos assim: eu em um grande palco com holofotes e microfone, um mar de pessoas em um auditório enorme, todas sentadas na beirada de suas poltronas, loucamente rabiscando anotações. Eu não sabia bem como essa visão se realizaria, mas sabia que era isso o que eu queria, pois ela mexia muito comigo.

A busca pela realização desse sonho foi um processo um tanto experimental. No início de minha carreira, eu não era muito conhecida como oradora. Eu era simplesmente uma diretora-assistente em uma universidade particular, fazendo o máximo que podia para alcançar excelência e os objetivos de meu trabalho.

Uma tarde, minha secretária comentou que o grupo de jovens de sua igreja na cidade de Glenpool, Oklahoma, precisava de um orador para seus encontros semanais. A minha primeira reação foi: *Não, obrigada. Esse não é o tipo de platéia que eu imaginei.* Depois, pensei: *Por que não? Quero ser palestrante e esse grupo de jovens é um começo.* Assim, aceitei a incumbência.

Dediquei um bom tempo e esforço na preparação para aquele encontro de jovens. Pensei no tipo de garotos que estariam presentes e no que eu poderia dizer para causar um impacto duradouro em suas vidas.

Ainda me lembro daquela noite de quinta-feira em que dirigi 50 quilômetros da cidade de Tulsa até o local do encontro. Cerca de apenas dez jovens de diferentes idades compareceram. Falei-lhes da importância de ter uma visão na vida e do compromisso de cada um em fazer diferença no mundo. Falei com paixão e entusiasmo, desejando apenas inspirá-los a pensar grande e a lutar por seus sonhos.

Ficou evidente que minha fala causou impacto, porque o líder do grupo me ligou no dia seguinte para me perguntar se eu poderia aprofundar o tema em uma série de mais quatro apresentações. Na semana seguinte, o número de presentes duplicou e, a cada semana, a audiência continuava a aumentar.

Não era um auditório gigante e eu não precisava usar um microfone, mas a experiência confirmou que aquilo era o que eu queria.

À medida que minha carreira avançava, continuei a aceitar convites semelhantes para falar para pequenos grupos. Às vezes, era um punhado de moças, líderes estudantis da universidade, que eu recebia em minha sala de visitas. Outras vezes, era um grupo de educadores para quem eu apresentava um novo currículo que beneficiaria as crianças da comunidade.

Quanto mais eu falava em público, mais à vontade e confiante eu me sentia. Os *feedbacks* positivos se multiplicavam, e passei a me apresentar para grupos maiores tanto dentro como fora de minha organização. Continuei a aperfeiçoar minhas competências, e a minha carreira de palestrante decolou.

Em algum ponto desse caminho, dei início à sistematização de um método com os passos necessários para preparar apresentações, que utilizo até hoje. Acredito que esse método é uma estratégia de excelência para falar, que traz resultados positivos de maneira consistente.

A estratégia: ao se apresentar, use uma fórmula que sempre funciona

Os passos que apresento aqui poderão ser utilizados em diversas situações nas quais você deve tomar a palavra, sejam reuniões semanais com sua equipe diante de algumas pessoas conhecidas, sejam contatos de vendas com clientes. Esses passos simples irão ajudá-la a se transformar em uma oradora que as pessoas querem ouvir e da qual se lembrarão durante muito tempo.

Passo 1: Conheça sua audiência

Este primeiro passo é o mais importante de todos. Para a apresentadora de *talk show* norte-americana Sonya Hamlin, autora de *Fale Claro para que Todos Entendam: a Arte da Comunicação para Cativar Pessoas* (Campus), "tudo é uma questão de foco. Assim, a primeira coisa que você precisa fazer é se concentrar na audiência, seja uma única pessoa, seja um grande grupo, e responder à pergunta que todos fizerem: O que há de interessante nessa palestra que valha a pena ouvir?".[66] O livro de Sonya é uma excelente fonte de orientação para qualquer pessoa que fala com freqüência ou quer fazer carreira como palestrante.

Você deve conhecer muito bem seu público para poder personalizar sua mensagem e assim conquistar a mente e o coração das pessoas.

Você é capaz de se lembrar da última vez, em um evento formal ou em reuniões informais no escritório, que um orador efetivamente prendeu sua atenção durante toda a apresentação? Muitos palestrantes não conhecem o suficiente seu público, o que realmente se passa na mente das pessoas que o integram.

Antes de se apresentar para qualquer audiência, analise com cuidado suas características: quem são, o que pensam, quais são suas preocupações e seus interesses, bem como suas questões e expectativas em relação a sua apresentação. Você deve conhecer muito bem seu público para poder personalizar sua mensagem e assim conquistar a mente e o coração das pessoas.

No mercado global de hoje, os desafios da comunicação são maiores do que jamais foram. Foi o que a Associação Norte-Americana de Leite e Laticínios concluiu quando resolveu levar sua campanha "Got Milk?" ["Tem Leite?"] – de grande sucesso nos Estados

66. HAMLIN, Sonya. *How to Talk so People Will Listen*. Nova York: HarperCollins, 2006. p. 47. [No Brasil, o livro foi publicado pela Editora Campus com o título *Fale claro para que todos entendam: a arte da comunicação para cativar pessoas*.]

Unidos – ao México e descobriu que a tradução do *slogan* para o espanhol soava como "Você está amamentando?". O nome da Coca-Cola na China era inicialmente pronunciado como *Kekoukela*, o que significa algo como "morda o girino de cera" ou "égua recheada de cera", dependendo do dialeto. O fabricante da Coca, então, pesquisou 40 mil caracteres para encontrar o equivalente fonético *kokou kole*, que se traduz como "felicidade na boca".[67] As companhias globais reconhecem a importância da comunicação com o público, e nós devemos fazer o mesmo.

Na verdade, há dois tipos de pessoas ou grupos de pessoas que devemos conhecer sempre que tivermos uma apresentação a fazer: as pessoas para quem você falará e a pessoa que convidou você para falar.

O primeiro passo em minha preparação é, em geral, fazer uma pesquisa sobre a organização, normalmente usando a internet ou recursos da própria empresa, no caso de uma apresentação para um grupo interno. Em seguida, converso com a pessoa que conhece o público e o objetivo dessa apresentação em particular. Em geral, é a mesma pessoa que me convidou para falar. Meu trabalho é não apenas atender as necessidades do público, mas também ajudar a pessoa responsável a alcançar seus objetivos.

Uma vez, fui convidada para fazer a palestra de abertura para uma associação de mulheres com sede em Nova Jersey. Para tanto, precisei compreender o público, mas também quis saber o que a presidente da organização esperava alcançar com o evento. Assim, em nossa conversa, ela e eu definimos os rumos de minha apresentação, que deveria não apenas fortalecer a motivação das pessoas para lutar por seus sonhos, mas também despertar maior compromisso e afinidade com a organização.

67. Chevy Nova Awards, citado por Rick Luquette. Disponível em: <http://humor.luquette.org/chevy_nova_awards.htm>. Acesso em: 20/8/2008.

Ao fim da conversa, perguntei-lhe: "No final de minha apresentação, o que levaria você a dizer: Essa palestra foi um enorme sucesso e valeu mais do que os honorários de Lynette?".

Sua resposta foi o guia básico que orientou tanto minha análise sobre aquele público de mulheres quanto o conteúdo de minha palestra. Falei da missão da organização e pessoalmente as estimulei a participar mais da vida associativa. O evento recebeu avaliações entusiásticas das participantes e, o mais importante, da presidente, que conquistou mais voluntárias comprometidas e animadas com a associação.

Também passei por uma experiência não tão positiva como essa. Certa vez, fui convidada por uma grande companhia de seguros para falar a seus corretores em uma conferência. O responsável pela organização do evento se mostrava bastante entusiasmado com minha apresentação, e conversamos sobre os objetivos do encontro e sobre sua audiência.

Assim que comecei a apresentação, notei que havia algumas mulheres claramente não interessadas no que eu dizia. Continuei minha fala, procurando me concentrar naqueles que pareciam gostar.

Algumas semanas depois, recebi um resumo das avaliações, mostrando que um terço dos comentários era depreciativo, coisas como: "Lynette é tão arrogante; não nos interessa sua vida e seu emprego maravilhoso em Nova York". Uma mulher chegou a me dar uma nota dez negativa, abaixo da nota mais baixa, afirmando: "Ela é péssima".

Procurei me concentrar nos comentários positivos, mas não conseguia tirar aquelas terríveis palavras de minha cabeça; elas me atormentaram dias a fio. Ao refletir sobre a fase de preparação, percebi que eu poderia ter me dedicado a conhecer mais o público e seus interesses, indo além do que havia me dito o organizador. As histórias que ilustraram minha palestra devem ter parecido totalmente desconectadas da vida cotidiana daquelas mulheres, que era com certeza bem diferente da que eu levava em Nova York. O fato de eu exortá-las a elevar o sentido de seu trabalho pode ter soado superior e fora de propósito.

Em vez de concluir que isso era um problema daquelas pessoas, eu me propus a trabalhar ainda mais para garantir uma conexão com o público e conquistar sua confiança desde o início da apresentação. Hoje, meu objetivo é algo que o palestrante norte-americano Jim Rohn, que já se apresentou mais de seis mil vezes para públicos de todo o mundo, resumiu bem. Como ele explica, você não vai querer que seu público diga: "E daí?", mas sim "Eu também!".

Passo 2: Trace um panorama

Assim que conhecer tudo o que puder sobre seu público, comece sua apresentação oferecendo um panorama. Grande parte das informações que obtemos hoje em dia vem em pequenas doses, em geral organizadas como os segmentos dos noticiários de televisão, das histórias em jornais ou das listas de resultados de buscas na internet.

Sonya Hamlin indica como o perfil da comunicação mudou:

- Hoje, o tempo de atenção do público norte-americano é de apenas um minuto e meio.
- As pessoas detêm o controle da própria informação, personalizando e editando os dados de acordo com suas necessidades.
- Tempo é uma questão fundamental. Brevidade, clareza e ir direto ao assunto são os imperativos de hoje.
- Esperamos obter informações de uma maneira super-rápida e superfácil em pequenas doses, altamente organizadas e enxutas, com muita variedade e em formato multimídia.[68]

---

68. HAMLIN, Sonya. Op. cit., p. 19-20.

Com esses princípios em mente, você será muito mais bem recebida se abrir sua apresentação oferecendo ao público uma visão geral do assunto a ser abordado e indicando o que você espera que seja proveitoso para todos. Isso tornará seus propósitos mais claros para os ouvintes, que assim poderão acompanhar melhor sua exposição desde o início.

Fiz desse recurso uma prática regular em toda apresentação, seja uma pequena fala no trabalho, seja uma longa palestra em grandes eventos. É uma forma de cortesia com seus ouvintes mostrar como você valoriza o tempo deles, como respeita a disposição deles em ouvi-la e que, em retorno, você tem algo específico e tangível para oferecer-lhes.

Vamos supor que você precise fazer uma apresentação para sua equipe de líderes sobre uma proposta para aumentar as vendas por meio da realização de eventos especiais. Em vez de simplesmente se levantar e começar a falar quando for sua vez, ainda que o seu tema esteja incluído na pauta da reunião, comece fazendo o seguinte.

É uma forma de cortesia com seus ouvintes mostrar como você valoriza o tempo deles, como respeita a disposição deles em ouvi-la e que, em retorno, você tem algo específico e tangível para oferecer-lhes.

Olhe em volta para todos os presentes e diga: "Como todos sabem, de acordo com nossa pauta de discussões, vou falar sobre uma proposta para aumentar as vendas por meio da realização de eventos especiais. Primeiro, vou abordar as questões que motivaram essa idéia, depois explicar os fatores críticos que podem influir no seu êxito e, por fim, propor um cronograma de ação. Vocês poderão fazer observações durante toda a exposição, mas haverá também um tempo para perguntas e debates no final. Nosso objetivo é ouvir suas sugestões e chegar a um consenso sobre a proposta ainda nesta reunião. Se não for possível concluirmos hoje, deveremos marcar uma nova data para continuar a nossa discussão".

Com esse tipo de introdução breve e informativa, você declara seu compromisso com o público. Em essência, é como se você dissesse: "Eu dou valor ao tempo e à opinião de todos vocês. Aqui está o que pretendo fazer e o proveito que todos podem obter com este projeto".

Se começar dessa maneira e depois continuar a seguir os passos que sugiro aqui, você aumentará a eficiência e o impacto de suas apresentações.

Passo 3: Organize seus pensamentos e faça um resumo

Organize seus pensamentos em categorias ou seções a que você possa dar um título. Isso ajuda o público a acompanhar melhor sua apresentação e tomar notas com mais clareza, se desejarem. É a mesma função que os capítulos têm em um livro, ajudando o leitor a avançar na leitura e se concentrar em um único assunto por um certo número de páginas.

À medida que sua fala saltar de uma seção para outra, você estará imprimindo um ritmo a sua apresentação que oferecerá aos ouvintes uma oportunidade para respirar e organizar os próprios pensamentos sobre aquilo que acaba de ser dito.

Ao terminar cada seção, faça um resumo do respectivo pensamento ou tema principal. Se você não conseguir resumi-lo, é um índice de que precisa repensar a seção inteira. O que você realmente quer transmitir? Coloque a mensagem em apenas uma frase, como um título, e então redija outra frase semelhante que irá resumi-la.

> *Ao terminar cada seção, faça um resumo do respectivo pensamento ou tema principal. Se você não conseguir resumi-lo, é um índice de que precisa repensar a seção inteira.*

Você já assistiu a algum evento em que um orador leu durante toda a palestra? Embora essa atitude possa oferecer uma grande segurança para quem fala, acredito que seja um grande desrespeito com o público. Ela me faz pensar: *Se você vai escrever palavra por palavra de sua apresentação, então o melhor é enviá-la por* e-mail *para que eu mesma possa lê-la na hora que me for mais conveniente, em vez de gastar meu tempo olhando para o topo da sua cabeça enquanto você lê.* Isso é o mesmo que conhecer uma pessoa e ter de ler seus cumprimentos e todas as informações sobre quem é e o que faz em um cartão de visitas. Falar não é tão diferente de ler e, com prática, você pode aprender a falar com eficiência apoiada em apenas alguns pontos essenciais que servirão para orientá-la.

Sonya Hamlin recomenda o seguinte processo, que eu também utilizo, para preparar os pontos básicos de sua apresentação:

> O maior erro que as pessoas cometem ao preparar os pontos da sua apresentação é escrever demais! Comece com uma fórmula simples: seus tópicos ou cabeçalhos A, B e C. Para cada um, anote duas ou três palavras para indicar sobre o que você falará. Essas anotações devem

funcionar como lembretes a respeito do conteúdo de um tema ou seção, não devem ser lidas para o público. Você será uma oradora segura e eficiente quando cada uma dessas palavras funcionar como um gatilho: você vê a palavra e sabe sobre o que deverá falar. Esses lembretes significam alguma coisa que você já sabe. Para melhorar seu desempenho e manter o contato visual com os ouvintes, use o processo vertical; olhe para baixo, pegue a idéia contida em seu lembrete, olhe para cima em direção à audiência e continue a falar. Não use o método horizontal de ler uma sentença inteira.[69]

Passo 4: Personalize sua apresentação

Inclua histórias pessoais em sua apresentação para ilustrar ou reforçar determinadas questões. As pessoas vão se conectar a sua mensagem quando se conectarem a você.

Por exemplo, no caso da proposta dos eventos especiais de vendas, eu poderia dizer a minha equipe de líderes que o projeto será importante para os negócios, mas vamos supor que, em vez disso, eu apresente a idéia usando palavras que descrevam o resultado pretendido, alguma coisa assim: "Imaginem que Hillary Howard da GE estará presente em um evento, no qual se sentará ao lado de Bill Fisher, responsável pela conta publicitária da GE. Eles conversarão enquanto comem um delicioso filé *mignon* e, como resultado, Bill conseguirá marcar uma reunião com ela, que não tinha conseguido agendar até aquele momento".

O quadro que acabei de pintar deu àqueles líderes uma visão pessoal do que um evento é capaz de fazer pelas vendas. Anos depois de terem assistido a uma de minhas conferências, as pessoas costu-

69. HAMLIN, Sonya. Op. cit., p. 211-2.

mam me dizer que ainda se lembram da história que contei na ocasião, porque tinha alguma relação pessoal com elas.

Celina Realuyo, ex-diretora do Serviço de Antiterrorismo do Departamento de Estado do Governo Norte-Americano, também se esforça para personalizar os conceitos com os quais trabalha.

> Procuro tornar o que faço, mesmo um tema sério como lavagem de dinheiro, algo relevante para o público. Falo com freqüência para grupos de alunos, explicando como o que fazemos para combater o terrorismo afeta seu dia-a-dia na escola. É uma questão de relacionar conceitos remotos à vida comum das pessoas.
>
> Também gosto de usar situações cômicas que sejam verdadeiras, naturais e pertinentes ao cotidiano do público. Recentemente, eu estava a caminho de um evento para falar sobre administração e custos dos riscos do terrorismo, quando houve um acidente com o táxi em que eu viajava. Por isso, cheguei ao encontro com uma enorme atadura na cabeça. Mencionei o caso com o público, dizendo: "As probabilidades de vocês serem atingidos por um terrorista são muito menores do que de sofrerem um acidente em um táxi".[70]

As pessoas vão se conectar a sua mensagem quando se conectarem a você.

Não tenha medo de se tornar vulnerável; fale de suas lutas e dificuldades e da maneira como você as enfrenta. Essa é a melhor estratégia para se aproximar de seus ouvintes, mostrando-lhes que

70. Celina Realuyo, entrevista com a autora, abril de 2006.

você não tem todas as respostas, mas que sua busca é tão humana quanto a deles. O que vende – histórias sobre o lado pessoal das questões que preocupam o público – é o que também ajudará você a se conectar com seus ouvintes.

Bonnie St. John é uma palestrante incrível. Ganhadora de medalhas de prata e de bronze nas Paraolimpíadas de 1984, realizadas em Innsbruck, na Áustria, ela orienta executivos, especialmente mulheres negras, para assumir postos de liderança. Em uma conversa, ela me contou como prepara suas apresentações.

> Quando entro em uma sala para falar, penso: por que eu, por que eles, por que agora? Se você não conseguir responder a todas essas questões, então por que se preocupar? Meu objetivo é fazer de cada palestra uma experiência única que nos reúne por alguma razão. Penso em minhas palestras como se eu tivesse um estoque cheio de histórias. Primeiro, ouço o que meu cliente deseja e, então, escolho a história certa. A maneira como conto essa história depende de como o público a ouve. É quase como cozinhar: você prepara uma refeição de acordo com a ocasião.
>
> Outra coisa que faço é entrevistar as pessoas da organização para a qual vou falar. Porém, não entrevisto apenas o diretor; a experiência me mostrou que eu também preciso falar com os funcionários comuns. Preciso ouvir os líderes para saber aonde querem ir, e depois preciso compreender por que suas equipes têm dificuldade de chegar lá. Tudo isso porque personalizar uma palestra não tem a ver só comigo, tem a ver com eles também. Além de falar sobre minha vida, conto histórias sobre eles. Histórias sobre quem são eles hoje e quais são suas preocupações – isso é o mais importante.[71]

---

71. Bonnie St. John, entrevista com a autora, abril de 2006.

As pessoas não procuram apenas inspiração e conhecimento, elas também querem saber o que fazer com tudo isso na segunda-feira de manhã.

Passo 5: Ofereça exemplos práticos

As pessoas não procuram apenas inspiração e conhecimento, elas também querem saber o que fazer com tudo isso na segunda-feira de manhã. Saber que podem tomar o que você lhes oferece e aplicá-lo no trabalho é uma motivação a mais para ouvirem sua palestra e se lembrarem do que você diz.

É interessante observar que as pessoas comuns se lembram de

10% do que *lêem*,
26% do que *ouvem,*
30% do que *vêem*,
50% do que *vêem e ouvem*,
70% do que *dizem*, e
90% do que *fazem*.[72]

Assim, se você oferecer às pessoas algumas sugestões de como aplicar o que ouvem em sua apresentação, elas terão 90% de chances de se lembrar do que você diz.

Por exemplo, se estimulo meus ouvintes a encontrar bons conselheiros para sua carreira, sem esperar que o chefe lhes dê aquilo de que precisam, então preciso dar-lhes pelo menos algumas dicas de

72. Departamento de Saúde, Educação e Bem-Estar dos Estados Unidos, citado por EKEREN, Glenn van. *Speaker's Sourcebook II*. Nova York: Penguin, 1994. p. 119.

como podem fazer isso. Nesse caso, afirmo que precisamos de conselheiros fortes e, em seguida, explico como identificá-los, como abordá-los e como conseguir o apoio necessário para impulsionar a carreira.

Ajude seus ouvintes a tomar a inspiração e os ensinamentos que você lhes oferece e a colocá-los em prática. Se você for capaz de dar esse salto, eles ouvirão com mais interesse e se sentirão mais recompensados.

Todas as pessoas podem se tornar excelentes oradoras. Basta desenvolver e melhorar as habilidades de falar em público, mesmo sem o objetivo de ter uma carreira como palestrante.

Todos os que procuram desenvolver sua habilidade de falar destacam-se naturalmente na vasta multidão de concorrentes.

Carla Kimball é quem nos explica essa questão:

> Muitas vezes, as pessoas progridem na carreira porque são muito boas no seu trabalho, mas chegará o momento em que apenas o trabalho não será suficiente para levá-las adiante. Você precisa ser capaz de apresentar-se em reuniões de equipe, diante de clientes e conselhos de diretores. Ficamos constrangidas de pedir esse tipo de ajuda, mas não devemos ficar. Falar com compostura e confiança realmente pode ser aprendido, e sei do que estou falando – eu fugi de todas as aulas na faculdade que exigiam que eu falasse em público, porque eu tinha muito medo. Hoje, 35 anos depois, ensino centenas de homens

> e mulheres a desenvolver essas habilidades, ser autênticos e apresentar-se bem.[73]

Muitas pessoas a temem, poucas a conquistam, mas todos os que procuram desenvolver sua habilidade de falar destacam-se naturalmente na vasta multidão de concorrentes. Falar bem, dentro e fora de nossas empresas, é uma habilidade que podemos aprender e que poderá levar nossa carreira a patamares mais altos. Como diz o norte-americano Zig Ziglar, um de meus palestrantes favoritos, "você é a única pessoa sobre a terra que pode usar suas habilidades".[74]

Portanto, ao desenvolvermos nossa habilidade de falar em público, levando nosso desempenho e nossa segurança a um novo nível, ganhamos mais confiança e podemos até mesmo nos surpreender com nossos excelentes resultados.

73. Carla Kimball, entrevista com a autora, abril de 2006.

74. ZIGLAR, Zig. *Zig Ziglar's Little Book of Big Quotes*. Dallas, Texas: Zig Ziglar Corporation, 2004.

9 Eu preciso de grandes mentores, mas não estão todos muito ocupados?

A senhora Roosevelt era alta, desengonçada, dentuça e tinha uma voz esganiçada, que nós achamos muito engraçada. Ela nos fez sentar em roda e, enquanto tomávamos o nosso chá, perguntou: "O que vocês realizarão na vida para fazer diferença neste mundo?". De repente, todos os risos cessaram.

Carole Hyatt
Fundadora e presidente do The Leadership Forum [Fórum de Liderança]

Vamos voltar cem anos. Nossas bisavós trabalhavam duro tanto quanto nós, em casa ou em negócios relacionados com a casa e a família. Quando precisavam de conselhos ou orientação, tudo o que tinham de fazer era olhar através da sua roca de fiar e encontrar uma mulher que era um modelo a ser seguido, alguém que podia lhes dizer como a vida devia ser.

Não é preciso descrever como a vida é hoje; todas nós a conhecemos e a vivemos. Olhamos em volta e vemos homens e mulheres que parecem ser mentores potenciais, ali sentados ao nosso lado no campo de futebol ou em um escritório no final do corredor. Porém, todos também parecem estar tão ocupados que, muitas vezes, relutamos em nos aproximar ou deixar que alguém se aproxime. Mesmo assim, sentimos que, às vezes, precisamos de alguém para nos dizer se estamos indo bem e se temos algo de valor para oferecer aos outros.

O desafio: preciso encontrar e recrutar bons mentores

Muito tem sido escrito sobre orientação e aconselhamento profissional. O guru corporativo norte-americano Tom Peters chama a área de "Sistema de Saúde e Orientação" e sugere que contar com um mentor é a melhor maneira de lutar nessa guerra por talento e competência de que tanto ouvimos falar hoje em dia.[75]

A maioria das pessoas gostaria de ter um mentor; muitas de nós ainda acham difícil encontrar tempo para ser um.

Tenho falado sobre esse tema para centenas de mulheres e entrevistei muitas executivas experientes enquanto escrevia este livro, o que me levou a descobrir que esse tipo de orientação tem tomado novas dimensões como nunca antes. Enquanto algumas velhas definições permanecem, hoje o conceito de orientação profissional é bem mais amplo, o que é muito bom para todas nós.

É impossível em apenas um capítulo tratar de toda a dimensão e amplitude da orientação. Muitos e excelentes livros, estudos e artigos de revistas sobre o tema têm sido publicados nos últimos anos. Por isso, meu objetivo aqui é ampliar sua visão a respeito dos mentores que você já tem agora (muitos dos quais você pode não ter notado) e oferecer algumas idéias que podem ajudá-la a otimizar as

75. PETERS, Tom. *Leadership*. Nova York: DK Publishing, 2005. p. 145.

oportunidades de orientação e aconselhamento em meio a uma vida tão atarefada.

Enquanto algumas velhas definições permanecem, hoje o conceito de orientação profissional é bem mais amplo, o que é muito bom para todas nós.

Vamos considerar por um momento algumas novas regras que regem a orientação profissional hoje.

Regras tradicionais	Regras novas
Mentor escolhe pupilo.	Pupilo escolhe mestre.
É um relacionamento exclusivo e privilegiado.	Muitos relacionamentos mestre/pupilo simultâneos.
Mentor investe no pupilo.	Pupilo tem algo em troca a oferecer ao mentor.
Mentor e pupilo são semelhantes e têm muito em comum.	Mentor e pupilo podem ser muito diferentes entre si; de fato, são essas diferenças que fazem o relacionamento dar certo.
Você é *ou* um mentor *ou* um pupilo.	Você assume tanto o papel de mentor como de pupilo com diferentes pessoas e em épocas distintas.

Regras tradicionais	Regras novas
O relacionamento é de longo prazo.	O relacionamento, em geral, é fixado por um prazo determinado, comumente um ano ou menos.

O contraste entre a orientação tradicional e a nova não significa que a primeira deixou de ser relevante ou que a segunda é melhor. O método tradicional já produziu grandes resultados e ainda produz. A questão aqui é que não devemos nos limitar ao modo tradicional de orientação. Nosso estilo de vida mudou muito nos últimos anos e, portanto, podemos nos beneficiar de maneira significativa de um paradigma mais amplo e flexível.

Na verdade, existem muitos pontos positivos nas novas regras de orientação. Diferentemente de muitos processos de seleção, aqui você não precisa esperar para ser escolhida. De fato, nem deve.

O que você deve fazer, em primeiro lugar, é pensar aonde quer ir e o tipo de conhecimento, recursos e motivação de que precisa para chegar lá com mais êxito, prazer e satisfação. Sim, com *prazer*. Isso vale alguma coisa, não? O mundo lá fora pode ser um lugar bem solitário, e que diferença faz poder contar com pessoas que tenham interesse genuíno em acompanhar sua trajetória e suas conquistas!

O que as novas regras nos mostram é que vivemos uma época de "orientação autônoma", uma orientação que nos permite encontrar sozinhas as pessoas que desejamos e de que precisamos, de uma maneira que se enquadre em nosso estilo de vida.

A orientação autônoma exige que façamos uma série de coisas, incluindo tomar a iniciativa de buscar nosso mestre, em vez de esperar que ele nos escolha. Também significa que talvez jamais encontremos nossos mentores cara a cara; podemos apenas ler o que eles escrevem ou ouvir o que falam. Precisamos aceitar o fato de que apenas eventualmente teremos alguns momentos com nossos mentores.

A estratégia: amplie sua definição de orientação profissional

Minha grande mestra e querida amiga Carole Hyatt orienta mulheres há mais de 35 anos, atuando como palestrante internacional e autora de *best-sellers* no campo de gestão de carreiras. Ela me ensinou uma expressão que me ajudou a construir minha definição de orientação: *oportunidades de orientação*. Acredito que esse conceito se adapta muito bem a nosso modo de vida hoje.

Carole acredita, e eu concordo, que em vez de esperar que uma ou duas pessoas possam se reunir conosco regularmente, devemos encontrar oportunidades de troca com pessoas que oferecem frações de sabedoria aplicáveis ao nosso dia-a-dia.

Descobri que esse conceito funciona de várias maneiras. Não apenas eu procuro ter essas oportunidades com pessoas diferentes como também me sinto orientada e aconselhada quando leio artigos e livros, quando observo a distância os líderes que admiro, e até mesmo quando ouço conversas instrutivas no ônibus ou no metrô. Todas essas fontes podem servir como "orientação" para minha vida pessoal e para minha carreira.

Em vez de esperar que uma ou duas pessoas possam se reunir conosco regularmente, devemos encontrar oportunidades de troca com pessoas que oferecem frações de sabedoria aplicáveis a nosso dia-a-dia.

Carole teve uma oportunidade de orientação quando tinha apenas 11 anos de idade, e que ela jamais esqueceu. Ela e algumas colegas freqüentavam uma escola vizinha à residência de verão da ex-primeira dama dos Estados Unidos Eleanor Roosevelt. Durante os verões, a senhora Roosevelt convidava as jovens alunas para tomar chá. Carole relata um encontro de que tomou parte:

> Naquele dia, aproximadamente vinte garotas foram convidadas para o chá. A senhora Roosevelt era alta, desengonçada, dentuça e tinha uma voz esganiçada, que nós achamos muito engraçada. Ela nos fez sentar em roda e, enquanto tomávamos nosso chá, perguntou: "O que vocês realizarão na vida para fazer diferença neste mundo?". De repente, todos os risos cessaram. Olhamos para ela com espanto – ninguém jamais havia feito uma pergunta como aquela para nós. Até aquele momento, só haviam me perguntado se eu estava com minha capa de chuva ou que cor de sapatos eu usaria.
>
> Quando nos sentamos ali com ela, pela primeira vez consideramos como seria nossa vida. Na minha vez de responder, eu disse que gostaria de ter muitos filhos para que eu pudesse ser uma influência na vida deles. Agora, tantos anos depois, eu tenho apenas um filho, e é meu trabalho que influencia literalmente milhares de pessoas. Aquela pequena semente de uma idéia, a de cuidar das pessoas e causar um impacto, começou a se formar naquele dia com a pergunta da senhora Roosevelt. Chamo aquele acontecimento de oportunidade de orientação.[76]

76. Carole Hyatt, entrevista com a autora, abril de 2006.

Se você deseja obter orientação ou orientar outras pessoas, mas não dispõe de tempo suficiente, procure redefinir sua idéia de orientação e encontrar formas criativas de identificar e compartilhar oportunidades de orientação.

Muitas mulheres com quem conversei afirmam ter experimentado esse tipo de momento inesperado, quando não percebemos, exceto mais tarde, que estamos sendo aconselhadas ou orientadas. Penso em meu primeiro emprego, como consultora de colocação em uma agência de empregos. Na época, eu não percebi, e provavelmente nem elas, que as três primeiras mulheres com quem trabalhei, minha chefe, Pat Davis, e duas vendedoras, Carol Wallace e Barbara Statuto, foram minhas primeiras mestras e exemplos de profissionais do mundo corporativo. Jamais tivemos um momento formal de orientação típico de um aconselhamento tradicional. Ao contrário, apenas nos relacionávamos no dia-a-dia do trabalho. Eu fazia muitas perguntas e elas me davam respostas, nem sempre verbalmente, mas sobretudo por meio de seu comportamento e de sua maneira de trabalhar.

Se você deseja obter orientação ou orientar outras pessoas, mas não dispõe de tempo suficiente, procure redefinir sua idéia de orientação e encontrar formas criativas de identificar e compartilhar oportunidades de orientação.

Uma vez, quando meu marido, Ron, e eu viajávamos com nossos filhos pela África, conheci uma mulher que era candidata a presidente de um dos países que visitávamos. Ela falou sobre seus sonhos e sobre os obstáculos que precisaria superar para ganhar as eleições. Eu me ofereci para manter nossa conversa nos meses seguintes a respeito de idéias e soluções que pudessem ajudá-la. Ela ficou tão animada com nossa primeira conversa, uma típica oportunidade de orientação, que me ligou no dia seguinte para saber se poderia me encontrar novamente em um outro país que visitaríamos em seguida. Então, dez dias depois, estávamos juntas de novo, dessa vez incluindo vários outros especialistas que eu havia convidado para oferecer-lhe idéias e assistência. Ela e eu continuamos nossa conversa no decorrer do ano e agora nos consideramos amigas.

Independentemente de como sua orientação autônoma aconteça, existem três passos básicos que, se bem compreendidos e seguidos, irão ajudá-la a obter uma excelente orientação. Cada passo poderá lhe oferecer alegrias e benefícios únicos que com certeza valerão a pena.

Passo 1: Identifique seus mestres

Identificar seus mentores pode ser uma atividade divertida e estimulante. O processo em si de pensar em quem você gostaria de ter como mentor já é um exercício bem motivador.

Para identificar seus mentores potenciais, você pode usar dois filtros:

1. Quem eu admiro?
2. De quem eu preciso?

Gosto de começar com "Quem eu admiro?" porque é a maneira mais inspiradora de iniciar uma relação de orientação profissional. Pare alguns instantes para avaliar possibilidades mais amplas, para além do seu alcance imediato, respondendo à seguinte pergunta: se você pudesse escolher qualquer um para ser seu mestre, quem seria essa pessoa?

Em primeiro lugar, você precisará acreditar no fato, e realmente é um fato, de que todo mundo é acessível – *todo mundo*. Talvez você já tenha ouvido falar nos "seis graus de separação". O fato é que você está mesmo a apenas *três* graus (ou pessoas) de separação de qualquer um no mundo que você precisa conhecer.

Quando digo isso em meus seminários, a primeira reação das pessoas é aquele sorrisinho cético. Então, peço a um participante para dizer o nome de uma pessoa que ele gostaria de conhecer, mas que acredita estar totalmente fora de seu alcance. Em geral, as pessoas indicam líderes mundiais, como a secretária de Estado norte-americana Condoleezza Rice, ou celebridades como a apresentadora de TV Oprah Winfrey.

Sem exceção, alguém na sala, entre em média vinte participantes, está a um ou dois graus de separação da personalidade mencionada, toda vez. Tenho feito essa experiência inúmeras vezes, e sempre dá certo, mesmo com pessoas de áreas diferentes e aparentemente sem relações influentes.

O que isso mostra é que todas as pessoas do mundo são de fato acessíveis. Se isso é uma verdade, por que deixar de acreditar na possibilidade de alcançar qualquer um que desejamos ou de que precisamos?

Muitas vezes, abrimos mão de oportunidades por falta de confiança. Nossa tendência é pensar que não estamos à altura dessas pessoas, que não merecemos sua consideração. Também nos sentimos muito constrangidas e inseguras para abordá-las e conquistar sua atenção.

Uma noite, assisti a uma entrevista muito interessante na televisão que mostra bem essa realidade. O apresentador norte-americano Larry King entrevistava o megaempresário Donald Trump. O que mais me impressionou em Trump foi seu grande interesse em novas idéias, o tempo todo. Quando ele falou de seus empreendimentos mais recentes, King lhe perguntou como ele concebia todas aquelas idéias. Ao que Trump respondeu: "Pessoas inteligentes me procuram com uma idéia para apresentar; muitas vezes, ela é boa e tem grande potencial, então eu a desenvolvo".[77]

Quando o ouvi dizer isso, fiquei admirada em ver que apesar de toda sua fama e fortuna, Donald Trump ainda é acessível quando a pessoa certa o procura com a idéia certa.

Mais perto do que imaginamos

Aprendi essa lição ao escrever este livro. Eu sabia que gostaria de entrevistar algumas mulheres importantes, líderes em seus campos, mas eu também sabia que elas eram extremamente ocupadas e que muitas não faziam a menor idéia de quem eu era ou se este livro valeria o tempo delas.

Comecei o processo da mesma maneira que aconselho você a fazer aqui: identificando as mulheres que eu de fato admirava e que gostaria de entrevistar. Então, usei minha rede de relacionamentos para me aproximar delas. Fiquei surpresa e encantada em ver que praticamente todas as pessoas concordaram em participar. Por isso, eu e você podemos agora nos beneficiar da sabedoria de todas elas.

Anos atrás, quando eu organizava uma série de eventos para arrecadar fundos, aprendi que as pessoas, muitas vezes, aceitam um convite ou um pedido nem tanto pelo *que* ele é, mas sobretudo por *quem* o faz. Isso vale para todas as pessoas neste atarefado e frenético

---

77. Donald Trump, entrevista a Larry King em *Larry King Live*, 9 mar. 2006. Disponível em: <http://transcripts.cnn.com/TRANSCRIPTS/0603/09/lkl.01.html>. Acesso em: 20/8/2008.

mundo. Pois, em geral, separamos e selecionamos cartas, *e-mails* e mensagens telefônicas, dando prioridade aos remetentes e ao nosso interesse em responder a eles.

Use essa realidade a seu favor. Tão logo você tenha refinado a lista daqueles que deseja conhecer, comece a procurar por pessoas que eles já conhecem e que você também conhece ou pode vir a conhecer.

Assim que tiver definido quem você *gostaria* de conhecer e ter como mestre, o próximo passo é pensar nas pessoas das quais você *precisa*.

Esse é o momento certo para retomar sua declaração de propósito, sua marca pessoal ou seu conselho consultivo. Pense em quem poderia ajudá-la a chegar ao próximo patamar em seu campo de interesse – treinamento, desenvolvimento, estímulo,. equilíbrio entre trabalho e vida pessoal, ou qualquer outra área.

Diferentemente dos membros de seu conselho pessoal, que a auxiliam em projetos específicos, seus mentores são profissionais que irão investir sobretudo em sua vida como um todo. É possível que um dos membros de seu conselho pessoal seja também seu mestre; entretanto, o foco da orientação abrange toda a sua carreira ou vida pessoal. Contudo, os membros de seu conselho consultivo são aqueles a quem você irá solicitar uma habilidade ou um conhecimento específico para determinado projeto, como abrir uma empresa, desenvolver uma nova competência profissional, apresentar-lhe uma pessoa, e assim por diante.

Assim, determine a orientação, aconselhamento e formação de que você precisa hoje em sua vida e carreira e, então, defina quem seria o melhor mentor para ajudá-la a satisfazer tais necessidades. Aqui, mais uma vez, considere as possibilidades mais amplas, para além de seu alcance imediato, e aspire a ser orientada pelo mentor dos mentores nas áreas de seu interesse.

Passo 2: Peça orientação a seus mentores

Como já mencionei, a orientação nem sempre ocorre cara a cara. Quando você escolhe seus mentores a distância, às vezes nem é preciso abordá-los para pedir sua orientação, como no caso em que você lê um bom livro ou artigo.

Entretanto, nas ocasiões em que pedir ajuda é essencial, existem alguns métodos simples e práticos de abordagem que aumentarão suas chances de receber um sim, pois envolve a disponibilidade de tempo da pessoa.

Comece com o princípio de servir. Independentemente do quanto uma pessoa é famosa, popular ou ocupada, todo mundo tem necessidades ou coisas que gostaria de ter ou fazer. Se você for capaz de oferecer o que essa pessoa deseja, a probabilidade de ganhar sua orientação em troca será maior.

Uma vez, uma jovem profissional que eu não conhecia me enviou um *e-mail* sobre seu interesse em me conhecer, esperando que eu pudesse considerar a possibilidade de orientá-la. Respondi dizendo que eu me sentia honrada com seu pedido, mas que eu já me encontrava comprometida com vários projetos que ocupavam todo o meu tempo, de modo que eu não podia aceitar uma nova orientanda. Agradeci o interesse e a encorajei a não desistir de encontrar seu mestre.

A resposta dela me chamou a atenção e despertou meu interesse. Em vez de simplesmente responder ao meu *e-mail* dizendo: "Muito obrigada, eu compreendo", ela disse: "Lynette, reconheço que você é uma pessoa muito ocupada. Eu ficaria feliz em fazer qualquer serviço de que você precisar, qualquer coisa que possa ser útil e facilitar a sua vida". Nossa, a disposição dela em me servir dessa maneira me fez perceber que eu não poderia ignorá-la.

Em seguida, antes mesmo que eu respondesse à sua proposta, ela voltou a me escrever para dizer como estava ansiosa em relação ao livro que eu estava preparando e seu potencial de impactar a vida de tantas mulheres. Ela havia até solicitado a algumas profissionais de sua agência de publicidade que apresentassem algumas idéias bem criativas para divulgar o livro.

O que ela fez foi servir às minhas necessidades e tocar meu coração. De repente, desejei ter aquele espírito altruísta perto de mim, e soube que seria possível encontrar uma oportunidade de estarmos juntas, e isso seria uma vantagem para nós duas.

Após meses de convivência, ela se tornou uma de minhas mais confiáveis colaboradoras e amigas na minha jornada de escrever este livro. Ela me ofereceu uma ajuda tangível desde o início, usando seu talento criativo e palavras de estímulo. Eu, em troca, ajudei-a a clarificar seus sonhos e a encontrar esperança no presente estágio de sua carreira. Conseguimos construir um relacionamento em que nós duas saímos ganhando.

Quando você pedir a alguém que seja seu mestre, pense no que pode oferecer-lhe em um relacionamento de reciprocidade. Antes de abordar uma pessoa, pesquise para saber o que ela fez, o que faz no momento e o que melhor pode servir a seus interesses e necessidades.

Quando você pedir a alguém que seja seu mestre, pense no que pode oferecer-lhe em um relacionamento de reciprocidade.

Faça e responda às perguntas "Por quê?" e "O quê?". Após responder às perguntas "Quem eu admiro?" e "De quem eu preciso?" retome aquelas perguntas fundamentais que já discutimos aqui: Por quê? Por que você quer ou precisa que essa pessoa seja seu mestre? É importante responder a essa pergunta porque ela a ajudará a abordar essa pessoa e a pedir sua orientação. Saber por que você procura essa pessoa também servirá para avaliar mais tarde o impacto que ela provocou em sua vida, o que, por sua vez, você precisará saber para poder agradecer-lhe, quando chegar ao terceiro passo.

Para lhe dar um exemplo, veja como as coisas se passaram comigo e minha mestra Carole Hyatt alguns anos atrás. Conheci Carole em sua casa quando participei de um dos seus fóruns de liderança em janeiro de 1990. Simplesmente adorei o evento de dois dias, no qual também conheci as mulheres mais realizadas e entusiasmadas que já havia encontrado até então.

Ao sair de sua casa naquele dia, Carole me olhou e disse: "Se eu puder ajudá-la de alguma maneira, por favor me diga". Naquele estágio de minha carreira, eu já havia ouvido aquele mesmo tipo de coisa muitas vezes, em geral dito por educação, mas raramente pronunciado com sinceridade. Pude sentir que Carole era verdadeira e, então, passei uma semana inteira pensando em como eu poderia responder a seu generoso oferecimento.

Eu sabia que Carole era muito requisitada como palestrante, escritora, educadora e amiga de centenas de pessoas em todo o mundo. Se eu resolvesse lhe pedir ajuda, teria de ser clara a respeito de por que eu precisava dela. Eu também teria de determinar o que poderia lhe oferecer em troca.

Enviei-lhe uma nota de agradecimento, dizendo que eu ligaria. Nesse meio tempo, consegui definir por que eu precisava de um mestre. *Eu quero conhecer Carole Hyatt porque ela pode me ajudar a ficar mais próxima de mulheres bem-sucedidas em Nova York, e também me auxiliar a priorizar meus interesses que estão além de meu cargo atual, bem como os projetos que gostaria de desenvolver.*

Naquele momento eu sabia *por que*, mas eu também precisava saber *o quê*. O que exatamente eu pediria a ela? Decidi que eu lhe pediria um breve encontro para discutir uma importante palestra que eu vinha preparando havia meses.

Finalmente, liguei para ela, acertamos um encontro e, algumas semanas depois, eu caminhava com Carole no Central Park, em Nova York, em uma manhã de fevereiro. Faltavam poucas semanas para meu evento. Enquanto caminhávamos, Carole perguntou sobre meus objetivos para aquele evento e me deu uma série de sugestões práticas para fazer aquela palestra abrir mais portas e convites para novas apresentações.

Perto de terminar nosso passeio, ela me disse: "Lynette, por que você não vem para o próximo seminário do Fórum de Liderança e testa o seu material, fazendo uma apresentação para nossas participantes?".

Era uma oportunidade incrível e eu a agarrei. Apenas uma semana mais tarde, eu falei para o grupo. Um dia depois, Carole e eu estávamos ao telefone conversando sobre simples mas eficientes maneiras de melhorar ainda mais minha apresentação.

Depois do evento, a convite de Carole, nos encontramos novamente para avaliar a experiência e, dali por diante, passamos a nos reunir com freqüência para discutir meus avanços, bem como alguns de seus projetos e como eu poderia participar deles.

A orientação que ela me deu, mais do que qualquer outra em minha carreira, foi uma bênção pelas oportunidades de crescimento e estímulo em muitos sentidos. No início, não sabíamos aonde chegaríamos, o que poderíamos oferecer uma à outra, com que freqüência nos encontraríamos ou de que forma nosso relacionamento evoluiria. Mesmo assim, mergulhamos fundo e nós duas colhemos grandes recompensas.

Vejamos como nosso relacionamento começou na perspectiva de Carole.

> Você mostrava ter uma visão clara de aonde queria chegar, era extremamente focada e me enviou a melhor carta de agradecimento que eu já recebi. Eu tinha uma grande necessidade de orientar pessoas, uma das minhas satisfações na vida, e você tocou nessa necessidade. Você também se mostrou muito generosa, não uma pessoa que só quer receber, mas alguém ansiosa em retribuir de toda forma. Gostei de suas idéias e fiquei contente por poder contribuir para aperfeiçoá-las. É uma honra ter alguém como você em minha vida, alguém mais jovem com grande energia e foco.[78]

Nos últimos anos, deixamos de ser mestra e pupila para nos tornarmos amigas e sócias. Ron e eu temos passado bastante tempo com Carole e seu marido, Gordon, incluindo um final de semana durante o verão em sua linda casa de campo. Ela e eu trabalhamos juntas agora em um empreendimento que combina nossos conhecimentos e experiências na organização de um *workshop*, que tem como objetivo promover relações de negócios entre mulheres executivas de grandes corporações.

Tudo isso porque, no início dessa história, eu consegui determinar por que eu queria abordá-la e especificamente de que eu precisava quando lhe pedi ajuda.

No livro *Learning from Other Women* [Aprenda com Outras Mulheres], a escritora norte-americana Carolyn S. Duff apresenta outras maneiras de iniciar um relacionamento de orientação profissional com uma mulher que pode estar em uma posição bem superior à sua, na carreira ou na vida.

> Você prepara. Pesquisa tudo sobre essa mulher que você admira e gostaria de imitar. Quais são os lugares que ela freqüenta? Quais são

78. Carole Hyatt, entrevista com a autora, abril de 2006.

suas realizações? Então, você desenvolve uma lista de tudo o que quer aprender, seus objetivos e expectativas. E, muito importante, você define o que pode oferecer em uma relação de reciprocidade – como você pode apoiar os objetivos dela. Por fim, você a aborda com respeito solicitando sua atenção e tempo e sua imagem e visibilidade. Você diz por que a admira e de que maneira acredita que ela poderia ajudar você a se desenvolver. Você não requisita. Você prepara.[79]

Passo 3: Agradeça a seus mestres

No capítulo 6, vimos algumas maneiras específicas de agradecer aos membros do seu conselho consultivo. Os mesmos princípios se aplicam no caso dos mestres. O segredo para fazer de seu agradecimento um evento impactante é sempre pensar em alguma coisa que seja significativa para a pessoa a quem você vai agradecer.

Considerando que o tempo é hoje um recurso precioso em nossa vida, qualquer pessoa que divida seu tempo com você, mesmo que sejam seus colegas ou subalternos, merece um "muito obrigada" – se não de uma maneira formal, pelo menos com um sincero sorriso e um aperto de mão.

Praticar esse gesto de gratidão traz benefícios para quem recebe e também para quem faz um agradecimento. Cultivá-lo nos dá alegria e um sentido maior a nossa vida. Quanto mais agradeço tudo o que recebo, mais grata me torno.

Quando eu terminava este livro, recebi um agradecimento inesperado que me emocionou profundamente. Uma mulher havia deixado um pacote e um cartão com o meu nome na cadeira de Ron durante um culto de domingo em nossa igreja de Nova York. Eu estava em

---

79. DUFF, Carolyn S. *Learning from Other Women*. Copyright 2006 de Amacom Books. Reproduzido com a permissão de Amacom Books.

nossa casa em Raleigh, tendo acabado de enviar meu manuscrito para a editora, quando Ron me telefonou para dizer que havia um presente esperando por mim. "Abra-o!", eu disse. Então, ele leu o cartão.

Qualquer pessoa que divida seu tempo com você, mesmo que sejam seus colegas ou subalternos, merece um "muito obrigada".

As palavras eram muito encorajadoras. A mulher dizia o quanto ela apreciava minha orientação mesmo a distância e o exemplo de profissional que eu era para ela. Essa foi uma das mensagens mais eloqüentes e comoventes que já recebi. Então, meu marido abriu o presente. Era uma maravilhosa bolsa Chanel. Senti uma grande alegria e humildade ao mesmo tempo. Ela não fazia idéia de que por dois anos eu andava pela seção da Chanel nas lojas Bloomingdale's e Saks Fifth Avenue, em Nova York, admirando todas aquelas lindas bolsas, mas sem coragem de comprar uma.

O presente caro e o lindo cartão daquela mulher chegaram no momento certo, após meses de intenso trabalho e muitos sacrifícios para escrever este livro. Fiquei muito emocionada com sua incrível generosidade, agradecida pelo privilégio de ser a mestra de pelo menos uma pessoa maravilhosa.

Mais idéias criativas para encontrar orientação

Além dos relacionamentos pessoais e presenciais, veja aqui uma seleção de idéias para você encontrar a orientação de que precisa em outras fontes.

Livros. Nunca subestime o impacto de uma orientação recebida por meio dos livros. Uma vez, li um artigo que simplesmente adorei, escrito por Charlie "Tremendous" Jones, palestrante bastante conhecido nos Estados Unidos. Para Charlie,

> poucas e simples mudanças em sua rotina diária podem melhorar a qualidade de sua vida. De hoje em diante, sempre que ler um livro, faça do autor o seu mentor e sempre tenha uma caneta na mão. Ao se acostumar a ler com uma caneta na mão, você passa a cultivar o hábito de anotar idéias verdadeiramente suas que podem lhe ocorrer durante a leitura, somadas àquelas que você leu. Precisamos aprender a ler como uma maneira de despertar nossa mente e elaborar nossos pensamentos.[80]

Denise Johnston, presidente da divisão de produtos para adultos da The Gap, contou-me como ela obtém a orientação de que precisa durante o trajeto de Manhattan até sua casa em Hamptons, todo final de semana.

> Ouço todos os *best-sellers* em fita e, durante a audição, todas as coisas começam a se relacionar em minha cabeça. Esses autores compartilham sua experiência e seu processo de aprendizado de uma maneira que posso aplicar em meu trabalho. Os temas incluem estratégia, liderança, reestruturação organizacional ou o processo de produzir idéias. Todo esse conhecimento está ali, compartilhado conosco, então, quando ouço, posso interpretá-lo sozinha.[81]

---

80. JONES, Charlie. *Books are my favorite mentors*. ExecutiveBooks.com. Disponível em: http://www.executivebooks.com/cjones/cj_BookMentors.html. Usado com permissão.

81. Denise Johnston, entrevista com a autora, abril de 2006.

Grupos. Naquele primeiro Fórum de Liderança organizado por Carole Hyatt em 1990, havia seis participantes que sentiram uma imediata identificação entre si. Assim, resolvemos nos encontrar novamente no mês seguinte para continuar nosso processo de ajuda mútua com o objetivo de levar nossos sonhos e idéias adiante.

O que era para ser apenas um único encontro de *follow-up* tornou-se uma oportunidade de orientação que realizamos uma vez por mês durante dois anos. Nós nos reuníamos alternadamente em nossas casas e escritórios e nos revezávamos para receber orientação e aconselhamento sobre os desafios e as idéias que tínhamos no momento. Durante todo aquele período, lançamos novos negócios, mudamos de emprego e nos fortalecemos mutuamente com nossa valiosa convivência.

Nosso grupo funcionou muito bem e, em nossa opinião, isso se deveu às seguintes razões:

- *Respeito e admiração mútuos*. "Eu me sentia muito honrada em fazer parte desse grupo de mulheres realizadas que eu tanto admirava."
- *Apoio emocional*. "Ter a meu alcance toda aquela experiência para investigar, com *feedback*, orientação e pontos de vista diferentes, foi emocional e intelectualmente estimulante. Ver esse senso de coletividade onde eu achava que não existia nenhum foi maravilhoso."
- *Honestidade e transparência*. "Que privilégio ter a meu alcance mulheres excelentes em suas áreas falando dos benefícios de suas experiências profissionais e perguntando: 'Você pensou sobre essa questão?' ou 'O que fazer com isso?'. Abrir a nossa mente para outras idéias é fundamental. Nas empresas, isso se chama '*brainstorming* criativo', e era o que fazíamos umas com as outras."

A orientação dos pares pode ser um recurso valioso. Se você não puder encontrar um grupo, forme o seu e comprove quanta diferença mesmo reuniões ocasionais são capazes de fazer.

Nossos pares ou semelhantes também podem ser mentores incríveis individualmente. Cathy Benko, diretora nacional da Deloitte para o programa de desenvolvimento profissional de mulheres, conta sua experiência nesse campo.

> Eu não acredito que a orientação profissional deva se dar apenas com uma pessoa de "posição". Já tive relacionamentos fantásticos com pessoas acima, abaixo e no mesmo patamar em que eu estava na escada corporativa; homens e mulheres que se dispuseram a me ajudar de alguma maneira. Eu não os chamava de mentores na época, nem pensava nessa palavra. Sempre foi uma coisa muito natural – nada era planejado. Jamais pensei: *Vou procurar o presidente da companhia e pedir-lhe para ser meu mestre*; ao contrário, eles vieram de lugares bem mais simples e práticos. A maioria das pessoas olham direto para o topo e se esquecem de todos os que estão no meio do caminho.[82]

A orientação dos pares pode ser um recurso valioso. Se você não puder encontrar um grupo, forme o seu e comprove quanta diferença mesmo reuniões ocasionais são capazes de fazer.

82. Cathy Benko, entrevista com a autora, abril de 2006.

Joyce Roche, presidente da Girls Inc. (uma organização sem fins lucrativos que desenvolve programas educacionais para meninas norte-americanas carentes), concorda:

> Um mentor não é necessariamente alguém da alta hierarquia de uma organização. Um mentor pode ser alguém que está no mesmo nível que o seu ou apenas um degrau acima. Claro que é ótimo ter como mentor um líder sênior, uma pessoa que compreende e guia você e que pode mencionar seu nome de uma maneira favorável, dizendo: "Ela vai longe". Contudo, também aquela pessoa que está apenas um degrau acima pode, em uma reunião, dizer: "Ela é muito competente, vamos lhe dar uma oportunidade". Eu já tive ótimos mentores que eram meus subalternos. Eles me procuraram e disseram: "Vou lhe dizer o que ouvi e qual é sua imagem na companhia". Não havia malícia em sua atitude; eles acreditavam em mim e queriam que eu soubesse tudo de que precisava saber.[83]

Palestras. Como no caso dos livros, ouvir os profissionais que você admira pode ser quase tão bom quanto convidá-los para almoçar. Se você comprar suas fitas ou DVDs, pode repetir a aula quantas vezes quiser. Quando você descobrir oradores ou profissionais com os quais se identifica, visite seus *sites*, participe de seus *blogs* ou listas de discussão e assista a suas palestras sempre que puder. Mesmo que jamais os encontre pessoalmente, você ainda terá acesso às suas melhores lições e idéias, investindo quase que apenas o seu tempo.

83. Joyce Roche, entrevista com a autora, abril de 2006.

Provavelmente você já é mentor para mais pessoas do que imagina.

Este, definitivamente, é o momento de sua orientação profissional. Faça que essa oportunidade seja aquilo de que você precisa. Opte pela orientação tradicional se preferir, mas amplie sua visão para enxergar novas possibilidades. Saiba identificar os inúmeros mentores que você já tem a seu alcance.

Com relação a orientar os outros, é provável que você já seja mentor para mais pessoas do que imagina. Por isso, continue a aproveitar o máximo de cada oportunidade de interação.

Gosto muito de um provérbio espanhol que diz: "Existem mais flores no jardim do que o jardineiro pensa que semeou". A orientação profissional é uma ótima maneira de cultivarmos um jardim. Somente com o tempo saberemos reconhecer todas as pessoas importantes que cultivamos e os jardins nos quais florescemos.

Diferente do que pensei, melhor do que imaginei

10

Foram tempos difíceis, e eu estava exausta. Eu era passageira preferencial da American Airlines, e muitas vezes acordava de manhã sem saber em que cidade ou país eu estava, e embora fosse uma experiência incrível de vida, reforçando tudo o que sabemos, comecei a perceber diariamente que os seres humanos de toda parte desejam a mesma coisa. Nós desejamos saber com quem podemos contar.

Diana Ingram

Diretora para novas oportunidades de negócios da IBM

Vamos retomar os passos que trilhamos até aqui. Nesta jornada de empregar novas e práticas ferramentas em sua vida e em seu trabalho, você definiu sua declaração de propósito, que lhe traz uma direção mais firme e um significado mais profundo para toda a sua vida. Você se propôs a alcançar a integridade pessoal e a se tornar agente da integridade no lugar onde trabalha. Organizou um conselho consultivo pessoal, elaborou um plano para desenvolver sua marca pessoal e melhorar sua comunicação e identificou uma série de mentores para ajudá-la nessa caminhada.

Bem, e agora? Não importa o quanto trabalhe ou se dedique, você ficará surpresa. Surpresa em ver como a jornada será diferente de tudo o que você pensou quando apenas dava os primeiros passos. Surpresa diante das lutas e dos períodos, que parecem intermináveis, de espera que virão. Desapontada com os relacionamentos que não deram certo, ou com as promessas que foram quebradas, ou ainda com as pessoas que se aproveitaram enquanto você procurava ser cautelosa e forte.

Felizmente, as surpresas inesperadas podem se revelar verdadeiras dádivas no final. Eu e Diana Ingram, diretora para novas oportunidades de negócios da IBM, conversamos sobre as reviravoltas surpreendentes que acontecem na carreira. Adorei essa história que ela me contou e acredito que será de grande inspiração para você também.

> O trabalho mais difícil que já tive foi quando assumi a vice-presidência de comunicações para a América Latina, sediada em Miami. Quando cheguei ali, encontrei uma equipe desmotivada e perdida que não atingia suas metas havia três anos. E lá estava eu, responsável por vinte e tantos países. Era como dirigir um carro da Fórmula Indy e trocar os pneus ao mesmo tempo em plena corrida.
>
> Entrei para substituir dois gerentes gerais, ambos homens latino-americanos que foram "realocados para fora". Um deles, pelas minhas costas, comentou com um de seus ex-subordinados: "Provavelmente ela conseguiu o cargo porque andou dormindo com alguém". Então, eu disse à pessoa de quem ouvi a fofoca: "Você acha que a IBM Corporation colocaria um negócio de 400 milhões de dólares nas mãos de alguém sem qualificação e que faz carreira desse jeito?".
>
> Nem é preciso dizer que foram tempos desafiadores. Quando me ofereceram o cargo, a primeira pessoa com quem falei foi minha mãe, que ficou muito entusiasmada com a nova oportunidade e me disse: "Você vai fazer o melhor possível em cada momento, e isso é tudo o que pode esperar. Será ótimo". Ela estava certa; eu não sabia o que fazer, mas estava determinada a fazê-lo.

Por dois anos, oito trimestres, cada passo dado exigiu enorme esforço. Em nossa primeira reunião de planejamento, algumas pessoas de minha nova equipe disseram: "Isso é muito difícil; os Estados Unidos não entendem como as coisas funcionam na América Latina", ao que eu respondi: "Vou lhes dizer como as coisas funcionam: regra número um, nós determinamos as nossas metas. Vamos ganhar 400 milhões de dólares para a IBM Corporation este ano. Esse número não está aberto para discussão. O que está aberto para discussão é o que vamos fazer para atingir essa meta. Portanto, vamos ocupar nosso tempo planejando estratégias para chegar lá. Se vocês, cavalheiros, têm algum receio de se lançar nessa escalada, então, falem agora, porque eu não tenho nenhum medo de seguir em frente".

Essa equipe que antes havia ficado aquém de suas metas conseguiu alcançar sete das oito metas trimestrais. Nesses dois anos, trabalhamos em conjunto. Arregaçamos as mangas, superamos obstáculos, estabelecemos expectativas de desempenho e mutuamente nos ajudamos a alcançá-las.

Foram tempos difíceis, e eu estava exausta. Eu era passageira preferencial da American Airlines, e muitas vezes acordava de manhã sem saber em que cidade ou país estava, e embora fosse uma experiência incrível de vida, reforçando tudo o que sabemos, comecei a perceber diariamente que os seres humanos de toda parte desejam a mesma coisa. Nós desejamos saber com quem podemos contar.

Hoje, considero esses ótimos profissionais meus amigos. Admiro e respeito o que fazem e o que fizeram. Depois de um jantar em comemoração ao início de nosso segundo ano juntos, um deles me disse: "Estamos com você". Nós havíamos nos adaptado uns aos outros, e foi um período de fato muito especial.[84]

84. Diana Ingram, entrevista com a autora, abril de 2006.

Você e eu estamos em um caminho rumo à grandeza — grande não porque o desenhamos de modo perfeito, mas porque abraçamos por inteiro cada surpresa que recebemos.

Tempos difíceis, exaustão, reviravoltas inesperadas... Todas essas coisas podem trazer surpresas incríveis. Assim é a jornada para cada pessoa, percorrer o caminho e subir as escadas da nossa carreira.

Você e eu estamos em um caminho rumo à grandeza – grande não porque o desenhamos de modo perfeito, mas porque abraçamos por inteiro cada surpresa que recebemos.

O desafio: Minha jornada não é como eu pensava que seria

Adoro falar para as jovens estudantes de pós-graduação. Elas terminaram o bacharelado e estão excitadas em relação ao futuro, embora muitas vezes se sintam intimidadas pela difícil tarefa de encontrar o primeiro emprego ou de saber por onde começar a busca por seus sonhos.

Gosto de lhes falar sobre a importância de se prepararem para a grandeza, explicando o que as levará do lugar onde estão para o lugar onde querem estar. A primeira coisa que lhes digo é: "Será diferente do que vocês pensam, mas será melhor do que esperam. Estejam preparadas para o inesperado. Aceitem os imprevistos. Procurem novas maneiras de trabalhar com o que receberam. Tornem-se artistas que traçam a própria vida a partir de elementos inesperados".

Artistas são pessoas capazes de tomar elementos simples, até brutos, e transformá-los em coisas cheias de beleza. O bloco de mármore no qual Michelangelo esculpiu sua famosa estátua de Davi já havia sido talhado por dois outros artistas, Agostino di Duccio e Antonio Rossellino. Conta a história que eles tentaram esculpir a pedra, mas abandonaram seus projetos por falta de experiência e talento. Eu diria que também por falta de ambição e de visão.

Aquele bloco de mármore permaneceu abandonado por 25 anos até que Michelangelo, aos 26 anos de idade, foi contratado para retomar o projeto. Após três anos de trabalho, surgiu a obra de arte que inspira reverência em milhões de pessoas desde 1504.

Existem muitos outros casos de pessoas que tomaram as surpresas, os imprevistos – às vezes, chamados de desafios – e os transformaram em algo belo.

Sou admiradora de Martha Stewart* desde o início de sua carreira, assinante de sua revista desde o primeiro número e fã de seu programa de televisão ao longo dos anos. Com certeza, Martha não previu que uma ordem de prisão surgiria em seu caminho. Apesar disso, em seu costumeiro estilo inabalável, ela enfrentou sua sentença com determinação, sem se submeter à pressão e ao desespero.

Em seu livro *Martha Rules* [Regras da Martha], ela fala do tempo passado na prisão.

> Havia muitas coisas de que eu sentia falta – meus bichos, minhas casas, alimentos frescos, viagens e os desafios diários de lidar com inúmeros negócios interessantes. Contudo, havia tantas outras coisas maravilhosas que me aconteceram naqueles cinco meses – novas

* Martha Stewart, apresentadora de TV e empresária norte-americana que, em 2005, teve a prisão decretada por seu envolvimento em crimes de fraude. (N. T.)

> amizades, muitas idéias e muito conhecimento obtido da leitura de livros fascinantes que eu então tinha tempo para ler. Também aprendi a ter mais respeito pela complexidade da situação de cada pessoa.[85]

No momento, uma de minhas melhores amigas enfrenta uma situação difícil com sua mãe, que sofre do mal de Alzheimer. Aos 86 anos de idade, a senhora apresenta perda de memória e crescente dependência dos outros para ajudá-la mesmo nas tarefas mais simples da vida. Kathi, uma profissional realizada que deixou o mundo corporativo já há alguns anos para abrir o próprio negócio, tem lutado com esse evento inesperado que surgiu em seu caminho. Ela me enviou um *e-mail* falando sobre essa situação:

> Tenho de admitir, tem sido uma fase bem difícil para mim, e às vezes me pergunto se vou conseguir suportar todo o sofrimento com minha mãe. Eu me sinto muito solitária, para ser sincera. Porém, nos últimos meses, Deus trouxe algumas pessoas para minha vida que já passaram ou que passam pela mesma situação e, por isso, eu me sinto mais amparada agora.[86]

Em momentos como esses, e haverá muitos em nossa vida, precisamos nos lembrar de que os eventos inesperados quase sempre são dádivas. A vida está cheia deles, para agradecer e para comemorar.

O pio dos pássaros é muito doce. Eu os ouço bem cedinho durante minhas corridas enquanto o mundo ainda está despertando. Eles poderiam ter sido criados como pequenas criaturas insignifi-

---

85. STEWART, Martha. *Martha Rules*. Nova York: Rodale, 2005. p. 157. Reimpresso de: Martha Rules © 2005 de Martha Stewart. Permissão concedida por Rodale Inc., Emmaus, PA 18098.

86. Kathi, *e-mail* para a autora, abril de 2006.

cantes e sem voz, e no entanto eles cantam. As flores, lindas por si mesmas, também exalam a dádiva do perfume.

As dádivas estão por toda parte, basta ter olhos e querer enxergar. Lembrar isso tem me ajudado em minha jornada, pois passei a aceitar que, apesar de meus planos e de minha dedicação, eu não posso controlar grande parte do que acontece na vida. Uma das dádivas de envelhecer é que temos mais experiências que comprovam o fato de que, apesar de as coisas serem diferentes do que pensamos que seriam, muitas vezes elas se mostram melhores do que esperávamos.

Apesar de as coisas serem diferentes do que pensamos que seriam, muitas vezes elas se mostram melhores do que esperávamos.

A estratégia: enxergue sua vida pelas lentes da esperança e das possibilidades

No capítulo 1, discutimos sobre os benefícios de conhecer e definir nosso propósito e sobre a importância de responder à pergunta "Por quê?". O propósito nos ajuda a ver e descobrir as dádivas da vida, por meio de nossas lentes, trazendo um significado pessoal às coisas aparentemente caóticas que acontecem conosco.

Existem alguns princípios sobre o propósito que resumem muito do que vimos ao longo deste livro. Cada um deles me trouxe uma grande força em minha jornada, em especial quando as coisas não eram como eu pensava que seriam.

Princípio 1: Poder

É comum atribuirmos o poder a uma posição, ao dinheiro ou à popularidade. Entretanto, vamos pensar em uma pessoa poderosa sem nenhum título como Madre Teresa, uma mulher com enorme influência, agraciada com a Medalha de Honra do Congresso e com o Prêmio Nobel da Paz, entre incontáveis outros prêmios e distinções.

Essa mulher valorosa não possuía nenhum cargo importante, nem dinheiro. Ela era poderosa porque compreendeu seu propósito. "Sinto que fui chamada para ajudar as pessoas, para amar cada ser humano", disse ela. "Nunca penso em termos de multidões, mas em cada pessoa de modo individual. Tivesse eu pensado em multidões, nunca teria começado nada. É a pessoa que interessa. Acredito no encontro entre pessoas."[87]

Muitas vezes, olhamos para nosso trabalho ou nossas circunstâncias e chegamos à conclusão de que não temos poder. Então, continuamos a trabalhar, insatisfeitas e desmotivadas.

Foi essa enorme frustração que senti em minha vida que me levou a responder ao *por quê*. Ao responder a essa pergunta e, assim, definir meu propósito (inspirar e motivar as pessoas), senti um novo poder em minha vida. Mais e mais pessoas têm sido atraídas por minhas idéias, tanto no trabalho quanto na vida pessoal, embora, muitas vezes, as circunstâncias permaneçam inalteradas.

Ter um propósito lhe confere um poder que ninguém pode lhe dar nem tirar de você. Se você não gosta da palavra *poder*, então pense em autonomia, coisa que as mulheres naturalmente procuram fazer por si mesmas e pelos outros. O propósito lhe dá autonomia. É sua dádiva mais importante, pois a coloca no caminho da grandeza e dá um significado profundo a cada passo de sua jornada.

---

87. Madre Teresa citada por KELLY-GANGI, Carol (Ed.). *Mother Teresa: Her Essential Wisdom*. Nova York: Barnes & Nobel, 2006. p. 6.

Ter um propósito lhe confere um poder que ninguém pode lhe dar nem tirar de você.

Princípio 2: Singularidade

Todo mundo, em algum nível, faz parte de um propósito coletivo, seja em nosso trabalho ou em nossas famílias, seja em outros grupos nos quais atuamos. Entretanto, dentro desses propósitos coletivos, existe um propósito único para você, só seu, uma contribuição singular que somente você é capaz de oferecer.

O psiquiatra austríaco Viktor Frankl acreditava que "cada pessoa tem sua vocação ou missão na vida... Nesse sentido, não podemos ser substituídos, nem nossas vidas podem ser reproduzidas. Portanto, a tarefa de cada pessoa é tão única e singular como sua oportunidade específica de implementá-la."[88]

Quando eu trabalhava como gerente de *marketing* da Deloitte, havia muitos funcionários com o mesmo cargo. Contudo, entre nós existia uma vasta diversidade de personalidades, experiências, modos de pensar o *marketing* e preferências por certas tarefas e atividades. Cada um de nós era singular, apesar do fato de compartilharmos as mesmas atribuições funcionais.

Quando me mudei para Nova York, foi difícil não me sentir intimidada pelo talento e experiência de todos aqueles profissionais. Afinal, eu chegava de Tulsa, Oklahoma, sem um diploma de uma universidade importante e sem experiência em Wall Street.

88. FRANKL, Viktor. *Man's Search for Meaning*. Boston: Beacon, 1992. Citado em International Network for Personal Meaning.com. Disponível em: <http://meaning.ca/meaning_therapy/viktor_frankl.html>. Acesso em: 20/8/2008.

Eu me perguntava se de fato possuía as qualificações necessárias para estar ali.

Felizmente, passei um bom tempo avaliando por que, em primeiro lugar, eu queria me transferir para Nova York, deixando para trás uma carreira de quinze anos em uma cidade onde eu era conhecida e na qual já havia encontrado meu lugar. Compreender por que esse trabalho era a coisa certa para mim na época e por que eu podia oferecer uma contribuição singular me ajudou a enfrentar e a superar minha insegurança inicial. Passei a me concentrar mais em dar uma contribuição significativa e a me preocupar menos com estar ou não à altura dos outros.

Seu propósito revela por que você é uma pessoa singular e explica em que você é diferente. A compreensão desse princípio elimina o sentimento de competição que de modo tão fácil toma conta das equipes. Seu propósito ajuda você a explicar para si mesma e para os outros por que você é singularmente qualificada e por que tem um papel único e importante a desempenhar.

Sua tarefa agora é conquistar uma credibilidade singular por ser especialista em alguma coisa. Não deixe a singularidade de sua vida e de sua história pessoal escapar; ela é sua dádiva.

Não deixe a singularidade de sua vida e de sua história pessoal escapar; ela é sua dádiva.

Princípio 3: Resultados

Em geral, a definição de propósito inclui a palavra *intenção*. Intenção implica um resultado final, um fim a que se visa.

Vivemos em uma cultura que visa a resultados, que admira aqueles que atingem objetivos e alcançam seus intentos. Essa tendência, entretanto, pode ser um problema quando você estiver em uma fase cujos resultados não acontecem como você esperava. Talvez uma promoção que não veio, ou um aumento de salário menor do que você esperava. Como atravessar uma fase como essa sem alimentar frustração e amargura?

Essa é uma das ocasiões (e existem muitas) em que o propósito nos ajuda a ver o mesmo cenário com novos olhos. O propósito nos ajuda a avaliar os resultados de uma maneira diferente.

No capítulo 1, descrevi a ocasião em que as dificuldades de chegar ao escritório em uma manhã de segunda-feira motivaram enorme frustração e desânimo, que me levaram às lágrimas. Foi então que a compreensão de meu propósito em um nível mais amplo mostrou seu poder em minha vida. Pensei nas pessoas de meu círculo de influência, incluindo Sandra, e vi o impacto de minha presença em suas vidas. Vi que meu propósito pessoal de "inspirar e motivar as pessoas para viver uma existência de esperança, superando todos os desafios que surgirem no caminho dos seus sonhos" estava realmente se realizando. Ele me ajudou a ver resultados que não estavam evidentes, pois não correspondiam à maneira como costumamos pensar que seremos recompensadas.

Princípio 4: Proteção

Você já teve um emprego que não lhe fazia bem ou já conviveu com pessoas que a deixavam deprimida? Ter um propósito irá protegê-la de fazer as escolhas erradas.

Muitas associações ruins poderiam ser evitadas se as pessoas se perguntassem umas às outras: "Por quê? Por que estamos construindo essa empresa? Por que deveríamos viver juntos? Por que você faz o que faz?".

Eu era uma mulher solteira até poucos anos atrás, e muitas das minhas bem-intencionadas amigas estavam ansiosas para me ajudar a encontrar o homem certo. O resultado disso foi uma série de encontros arranjados com homens que eu não conhecia, totalizando cerca de 65 tentativas ao longo de vinte anos!

Com o passar do tempo, eu me tornei especialista nesse tipo de situação, que normalmente acontecia da seguinte maneira:

"Lynette, você gostaria de se encontrar com alguém que conheço?" No início, eu dizia: "Claro, estou aberta a toda e qualquer possibilidade. Quem sabe quando as coisas podem dar certo?".

Então, depois do encontro, eu me lamentava com minha irmã ou minha mãe: "O que elas estavam pensando? Esse cara não era meu tipo de jeito nenhum, nada a ver".

E assim foi por muitos anos.

Definir nosso propósito nos ajuda a ser boas governantes de nós mesmas — de nosso tempo, de nossos talentos e de nosso tesouro. Somente nós podemos conservar e proteger todas essas dádivas preciosas.

Finalmente, consegui me afinar com meu propósito, definindo aspirações e objetivos pessoais. A partir daí, o cenário passou a ser o seguinte:

"Lynette, você gostaria de se encontrar com alguém que conheço?"

"Bem, talvez. Fale um pouco sobre ele. O que ele faz? O que ele quer da vida e por quê? O que ele pensaria de uma mulher que deseja ser palestrante e escritora para inspirar e motivar as pessoas? Isso o intimidaria ou atrairia?"

Na maioria das vezes, a conversa terminava aí. Embora um pouco desapontada, sentia-me agradecida por evitar assim uma frustração maior e desperdício de tempo com alguém que não traria nenhum benefício real para meu presente nem para meu futuro.

Com isso, não pretendo parecer elitista nem arrogante. Muitos homens com quem saí eram ótimas pessoas. Apenas quero dizer que definir nosso propósito nos ajuda a ser boas governantes de nosso tempo, de nossos talentos e de nosso tesouro. Somente nós podemos conservar e proteger todas essas dádivas preciosas.

Um propósito bem definido servirá como um filtro para sua vida, protegendo-a das pessoas erradas, do emprego errado, do desânimo quando os tão desejados resultados demorarem a acontecer e do desperdício de tempo com coisas que, embora sejam boas, acabam atrapalhando as coisas melhores.

Princípio 5: Os outros

Seu propósito, para de fato tocar seu coração e sua alma, precisa incluir, de alguma maneira, a dimensão de servir os outros.

Já afirmei aqui que a grandeza nada tem a ver com a aprovação ou o aplauso das massas. Nosso propósito, contudo, deve se relacionar de alguma forma a servir os outros, se você deseja alcançar a satisfação plena em sua vida.

Ao refletir sobre seu propósito, pense de que maneira você pretende causar impacto nas outras pessoas. Sua declaração de propósito e, o mais importante, sua própria vida devem mostrar a todos a diferença que você faz para as pessoas. Criar uma declaração de propósito que inclua os outros ajudará você a avaliar seus resultados de uma maneira diferente – não pelo dinheiro, nem pelo cargo, nem pelo reconhecimento dos outros, embora todas essas coisas venham, mas pela diferença que você faz para as pessoas.

Causar impacto nos outros é o aspecto mais importante de seu propósito e o segredo para alcançar alegria e satisfação em sua vida. Nossa motivação e satisfação vêm de sabermos que nosso trabalho não traz benefícios apenas para nós mesmas, mas também para as outras pessoas.

As pessoas que conhecem e vivem o próprio propósito causam um forte impacto nos outros a cada passo do caminho.

Causar impacto nos outros é o aspecto mais importante de seu propósito e o segredo para alcançar alegria e satisfação em sua vida.

Princípio 6: Satisfação

Como uma pessoa que conhece e compreende seu propósito, você irá experimentar uma profunda e duradoura satisfação. Independentemente dos obstáculos que enfrenta, do dinheiro que ainda não ganha, das coisas pelas quais ainda espera e das resistências que podem surgir em seu caminho, você pode se tornar uma pessoa satisfeita se fizer aquilo que nasceu para fazer. Você pode esfregar o chão ou servir mesas, mas se esse trabalho se alinhar com seu propósito, você pode ir para casa satisfeita, sabendo que faz uma diferença singular no mundo.

Talvez a satisfação seja uma das coisas mais procuradas e também mais fugidias em nosso trabalho. De acordo com uma pesquisa realizada nos Estados Unidos pelo *site* CareerWomen.com, especializado em recrutamento de mulheres, cerca de 50% das mulheres disseram que não encontram satisfação no emprego. Elas também afirmaram que, para alcançar a satisfação, precisam se sentir respeitadas, úteis e sempre desafiadas na carreira. Na opinião de Jillian Donnelly, presidente da CareerWomen.com, as empresas correm o risco de perder funcionárias talentosas e competentes por falta de satisfação. "O que essa pesquisa nos mostrou de mais interessante é que as mulheres não encontram na remuneração sua principal motivação, mas sim no respeito, na utilidade de seu trabalho e no desafio. As pessoas procuram por um trabalho desafiador, mas em um ambiente onde se ajustem".[89]

Em muitos níveis, a satisfação é uma escolha. Podemos nos sentir satisfeitas agora mesmo, no lugar onde nos encontramos hoje.

Nos meus tempos de solteira, mais ou menos quando eu tinha 30 e tantos anos, tomei a seguinte decisão: "Preste atenção, a vida é agora, não algum dia quando eu me casar. Não quero perder as boas oportunidades que surgirem em meu caminho só porque a coisa que mais quero na vida ainda não aconteceu". Assim, simplesmente optei por me sentir satisfeita.

Procurei viver meu propósito de forma mais criativa, tanto no meu trabalho quanto na vida pessoal; como resultado, minha satisfação aumentou. Sem dúvida, havia momentos em que minha ânsia de

---

89. DONNELLY, Jillian. Respect is the Key to Job Satisfaction for Women. *CareerJournal.com*, 2003. Disponível em: <http://www.careerwomen.com/pr_satisfaction052803.jsp>. Acesso em: 20/8/2008.

casar parecia a coisa mais importante de minha vida, mas ir em busca da realização de minha carreira me fazia sentir satisfeita novamente.

Agora que sou casada com o homem dos meus sonhos, sinto-me ainda mais feliz por ter escolhido ser uma pessoa satisfeita antes de conhecer Ron. Se eu não tivesse optado pela satisfação, penso que eu ficaria um pouco desapontada com o casamento. Por quê? Porque o casamento jamais poderia me satisfazer por completo. Fui criada para viver uma vida com propósito e, quando consigo isso, sou uma pessoa satisfeita – em meu casamento, em meu trabalho e até mesmo nos desafios que enfrento no dia-a-dia.

Existem muitas mulheres que se sentem insatisfeitas, e que acreditaram na mentira de nossa cultura de que a insatisfação na vida é o resultado de não termos um relacionamento perfeito. Tendo vivido como solteira e agora como casada, sei com grande certeza que um relacionamento não é um objetivo final em si mesmo. Meu casamento intensifica meus níveis de alegria e satisfação, mas ele não pode garanti-los.

Minha amiga Debora Grobman, que se casou aos 19 anos de idade, falou sobre um momento de inspiração que a levou a um novo patamar de satisfação.

> Eu morava em Westchester, Nova York, em meados da década de 1970, com meu marido e minhas quatro filhas pequenas, com idades entre 6 e 13 anos. Minha vida era cuidar da casa e das crianças. Um dia, quando fui buscar as meninas e filhos de amigos na escola com minha *van*, percebi de repente que eu estava chorando, mas nenhuma das crianças notou. Será que não importava a ninguém saber quem era o motorista?
>
> Pensei muito sobre isso à noite quando todos dormiam. Percebi que eu precisava de algo mais para desafiar minha mente. Isso me

levou a uma busca para descobrir o que eu de verdade queria fazer. Resolvi, então, fazer um curso de Direito. Pensei em me matricular no período noturno, mas queria estar com meu marido e minhas filhas; assim, meu horário era o horário deles. Eu saía quando eles saíam, eu voltava para casa quando eles voltavam, e o motorista do ônibus escolar me substituiu na tarefa de levar e buscar as crianças na escola! Foi difícil embarcar nessa nova aventura, mas segui em frente. Fiz o curso e fiquei entre os primeiros da minha classe na Escola de Direito de Fordham.

Isso tudo aconteceu 25 anos atrás, e essa decisão me trouxe uma enorme sensação de recompensa e satisfação. Nunca desisti de meu trabalho mais importante, que é ser mãe. Mesmo agora que todas já se casaram e tiveram filhos, elas sempre serão minha prioridade número um. No entanto, buscar meu propósito acrescentou à minha vida um sentido profundo de satisfação pessoal. Foi a escolha certa para mim.[90]

Princípio 7: Resistência

Finalmente, conhecer e compreender seu propósito irá motivá-la a resistir e a perseverar. Irá trazer para sua vida persistência e determinação para jamais desistir e para enfrentar todo e qualquer desafio com disposição.

A resistência lhe dará o caráter e a compaixão necessários não apenas para realizar seu propósito na vida, mas também para ser o tipo de pessoa que inspira os outros com seu exemplo, uma pessoa amadurecida pelos desafios da vida e capaz de vencer os obstáculos. Seu propósito ajudará a colorir o quadro que você está criando. Esse

90. Debora Grobman, entrevista com a autora, abril de 2006.

quadro, focado sobretudo na jornada, e não no seu destino, ajudará você a perseverar.

Treinar a resistência faz parte da vida dos grandes atletas, pois, assim, seu sistema aeróbico será capaz de suportar atividades físicas prolongadas. Eles seguem um treinamento que aumenta gradualmente a intensidade do esforço. Assim que alcançam um determinado nível de condicionamento, aumentam a intensidade dos exercícios para aumentar a resistência do coração, dos pulmões e dos músculos.

Resistir e perseverar em seu propósito, assim como o treinamento de resistência, desenvolve a capacidade de produzir energia hora após hora. Isso se torna seu combustível dia após dia, mês após mês, ano após ano, a despeito dos baques e das decepções que com certeza virão.

Esses sete princípios do propósito são, em muitos sentidos, os princípios que escolhi para minha vida. Quando, em minha jornada, enfrentei muitas reviravoltas, que, à primeira vista, pareciam ser bem diferentes do que eu havia pensado, esses princípios me ajudaram a manter a esperança viva.

A esperança é uma das maiores dádivas da vida. Por isso, devemos mantê-la não importa o que enfrentemos. Em seu artigo "The Leadership Advantage" [A Vantagem da Liderança], Warren Bennis afirma: "Líderes exemplares parecem prever o sucesso; eles sempre antecipam os resultados positivos. Para eles, o copo não está simplesmente cheio, está transbordando".

A esperança combina a determinação para alcançar seus objetivos com a capacidade de gerar os meios para realizar essa tarefa.

A esperança combina a determinação para alcançar seus objetivos com a capacidade de gerar os meios para realizar essa tarefa. As pessoas que têm esperança fazem afirmações como essas:

- "Sou capaz de pensar em maneiras de sair de uma situação difícil."
- "Luto pelos meus objetivos com todas as minhas forças."
- "Minha experiência me preparou muito bem para o futuro."
- "Existem meios de contornar qualquer problema."[91]

Ninguém pode lhe dar esperança. Você precisa encontrá-la e conservá-la por si mesma. Eu me esforço para ser uma mulher que tem esperança para conquistar coisas ainda inalcançadas – em minha carreira, com minha família e em meus sonhos.

Há coisas que incendeiam nossa esperança e a tornam mais forte. Contudo, há coisas que a enfraquecem ou até a destroem. Quanto mais madura fico, mais cuidadosa sou em relação a sentimentos que podem diminuir minha esperança, como:

- pensamentos negativos;
- dar mais atenção ao que as coisas parecem ser do que ao que elas podem se tornar;
- deixar de assumir riscos; e
- pessoas desanimadas que criticam minha esperança.

Todos os dias, eu preciso acreditar. Também preciso compreender que vejo apenas uma pequena parcela do que minha vida está se tornando em um certo momento. Ainda que eu sonhe e siga meu propósito de vida, não é possível apreender toda a exten-

---

91. BENNIS, Warren. The Leadership Advantage. *Leader to Leader Institute*, v. 12, p. 18-23, Spr. 1999.

são e a profundidade daquilo em que estou me transformando. Nem você pode.

É aqui que minha fé e minhas crenças espirituais me amparam. Acredito que Deus governa todas as coisas e que Seus planos para nós irão prevalecer. Acredito que todas as pequenas reviravoltas e baques da vida, todas as tentativas e erros são verdadeiras dádivas. Não as escolhi, mas sou grata por todas elas.

A escritora norte-americana Fanny Crosby compartilhava dessas mesmas crenças. Ela ficou cega com seis semanas de idade por causa de um tratamento negligente dado por um homem que se passava por médico. Apesar de sua cegueira, ela escreveu mais de 9 mil hinos em seus 95 anos de vida e era uma poetisa reverenciada. Ela sempre considerou sua cegueira uma dádiva que ajudava as palavras a fluir de sua caneta.

Surpreendentemente, Fanny jamais culpou o homem que a deixou cega. Escreveu ela: "Nem por um momento sequer, em mais de 85 anos, senti algum ressentimento por ele, porque sempre acreditei [...] que o bom Deus por esses meios me consagrou ao trabalho que eu ainda tenho permissão de fazer".

Desde meus tempos de criança, quando brincava com a Barbie e o Ken, nunca imaginei que seria solteira até os 42 anos e que, então, me casaria com um homem divorciado com quatro filhos. Quando finalmente conheci Ron, fiquei maravilhada em perceber como tantas experiências anteriores – algumas bem-vindas, outras execradas – haviam me preparado muito bem e de maneiras inesperadas. Todos aqueles anos na universidade com dezenas de estudantes que freqüentavam meu escritório para falar de suas vidas haviam me preparado para ser a madrasta de quatro garotos. De que outra maneira poderia eu, como mulher solteira que não teve um irmão, saber e compreender alguma coisa sobre jovens rapazes? Havia um plano sem suspeitas em andamento, preparando-me para essa dádiva.

Às vezes, nossas aspirações mais profundas nos trazem coisas que queremos e de que precisamos, mas não sabemos como pedir.

Portanto, minha amiga, escolha a esperança. Comemore as muitas dádivas de sua vida. Você tem pensado nelas nos últimos tempos? Conhece todos os atributos singulares de cada uma delas? Tem refletido sobre como, às vezes, nossas aspirações mais profundas nos trazem coisas que queremos e de que precisamos, mas não sabemos como pedir?

Se já não for assim, sua vida será inacreditavelmente diferente do que você pensou que seria. Além disso, sua vida é uma dádiva, diferente de qualquer outra, esperando para ser celebrada.

Deixo você com uma história que Bonnie St. John costuma contar.

> As pessoas me perguntam: "Como uma garota afro-americana de San Diego com uma perna só se tornou uma esquiadora olímpica, vencedora de medalhas de prata e de bronze nas Paraolimpíadas de 1984?". Respondo que fui capaz de superar enormes desafios porque as pessoas que conheci ao longo de meu caminho me estimularam a ultrapassar meus limites:
>
> - a enfermeira que me amparou durante as dolorosas horas de terapia após a amputação de minha perna quando eu tinha 5 anos de idade;
> - meu treinador de esqui, que não me abandonou quando quebrei minha única perna e fiquei sem dinheiro; e

> - meu chefe na Casa Branca, que esperava que eu liderasse equipes de economistas que eram mais velhos e mais inteligentes do que eu.
>
> Agora, é minha vez de fazer a diferença na vida de outras pessoas. Meu desejo é ajudá-las a encontrar a coragem e o espírito de que precisam para viver sem limites.[92]

Que nobre aspiração! Eu sei que você também tem uma. Como Bonnie e tantas outras mulheres, você e eu devemos continuar a subir cada vez mais alto em direção a nossos sonhos, não importa o que a vida nos reserva. A subida nem sempre será fácil, mas o sucesso e a satisfação nos esperam, não apenas no topo, mas também em cada degrau da escada.

Quero terminar apenas dizendo *muito obrigada*. Obrigada por permanecer na corrida e continuar a subir. Por ter esperança mesmo quando se sente desesperançada. Por acreditar nos outros e motivá-los para a grandeza. Por ser excelente e determinar para si um padrão de sucesso que vai além do dinheiro e de uma posição. Por ser uma mulher para quem os outros olham como exemplo de uma vida rica e plena.

Você é uma dádiva para o mundo. Assim, calce os sapatos que fazem você se sentir bonita. Estamos juntas nessa subida, uma animando a outra a cada degrau da escada, a cada passo do caminho.

92. Bonnie St. John, entrevista com a autora, abril de 2006.

Este livro foi impresso pela
Geográfica em papel *offset* 75 g.